LE SYMBOLISME
ÉSOTÉRIQUE

M. Centini

LE SYMBOLISME ÉSOTÉRIQUE

ÉDITIONS DE VECCHI S.A.
52, rue Montmartre
75002 PARIS

Malgré l'attention portée à la rédaction de cet ouvrage, l'auteur ou son éditeur ne peuvent assumer une quelconque responsabilité du fait des informations proposées (formules, recettes, techniques, etc.) dans le texte.
Il est conseillé, selon les problèmes spécifiques – et souvent uniques – de chaque lecteur, de prendre l'avis de personnes qualifiées pour obtenir les renseignements les plus complets, les plus précis et les plus actuels possible.

Les illustrations ont été fournies par l'auteur

Traduction : Luciana Berini

© 2000 Éditions De Vecchi S.A. - Paris
Imprimé en Italie

La loi du 11 mars 1957 n'autorisant, aux termes des alinéas 2 et 3 de l'article 41, d'une part, que les « copies ou reproductions strictement réservées à l'usage privé du copiste et non destinées à une utilisation collective » et, d'autre part, que les analyses et les courtes citations dans un but d'exemple et d'illustration, « toute représentation ou reproduction intégrale, ou partielle, faite sans le consentement de l'auteur ou de ses ayants droit ou ayants cause est illicite » (alinéa 1er de l'article 40). Cette représentation ou reproduction, par quelque procédé que ce soit, constituerait donc une contrefaçon sanctionnée par les articles 425 et suivants du Code pénal.

INTRODUCTION

Le sujet de ce livre n'a pratiquement pas de limites. Partant de l'univers du mythe, on aborde celui de la religion, en traversant une forêt symbolique d'une richesse extraordinaire. Il est difficile de ne pas se perdre dans ce monde où l'on observe avec des yeux différents les aspects les plus cachés des mythes, le langage de l'art, les suggestions de la magie, les mystères des religions.

Par ailleurs, trop souvent, l'ésotérisme a été et continue d'être l'objet de déductions absurdes, victime de cette « envie de mystère » qui, aujourd'hui encore, caractérise l'homme contemporain, apparemment pourtant fils de la raison et du rationalisme.

Cet ouvrage entend donner des outils au lecteur afin qu'il ne se perde pas dans le *mare magnum* du symbolisme ésotérique, en lui proposant une approche progressive et concrète. Nous allons essayer de lui offrir la vision la plus objective possible de l'ésotérisme et du symbolisme, en évitant toute suggestion facile et la banalisation de ces concepts complexes et en proposant une définition dénuée de tout romantisme et d'interprétations alimentées par les mythes modernes.

Une fois établies les bases d'une approche simple et rationnelle, nous proposerons une vision panoramique historique et culturelle du symbolisme ésotérique, afin que le lecteur puisse évaluer globalement ce phénomène.

Nous analyserons ensuite certains cas particuliers où l'ésotérisme joue un rôle précis. Cela nous permettra de mieux connaître les aspects multiples de l'univers mystérieux des symboles pour comprendre, au-delà des apparences, ce qui se cache derrière le Saint-Graal, alimente le Grand Œuvre des alchimistes, la recherche des francs-maçons, les mystères des templiers, etc.

Nous examinerons enfin quelques symboles dont l'origine est sans doute aussi ancienne que celle de l'homme et, dans certains cas, plus encore… En effet, d'après les mythologies de nombreux pays, la sagesse mystérieuse, celle qui ne vieillit jamais, arriva sur Terre à la suite d'un dieu ou d'un héros porteurs de civilisation, offrant à l'être humain effrayé l'opportunité de tracer un alphabet sacré : le langage des symboles.

I

L'ÉSOTÉRISME

On établit souvent un rapport entre magie et ésotérisme. En réalité, ce dernier échappe à une définition précise et devient l'objet de bien des discours, une sorte de boîte vide où l'on peut mettre ce que l'on veut.

Mais, au-delà de l'usage qu'on peut en faire, il est bon de réfléchir à ce concept d'une manière objective pour comprendre ses facettes les plus complexes et en donner une clé de lecture que même les non-spécialistes peuvent utiliser.

On peut aussi analyser l'ésotérisme avec des outils propres à la science et à la sociologie, en abordant les aspects spécifiques du sujet et en les insérant dans un contexte exclusivement historique et culturel, abstraction faite de tout approfondissement hermétique. Mais cette solution, purement formelle et fondée sur une analyse culturelle, risque de se révéler incomplète et peu satisfaisante.

Ésotérique et exotérique

L'adjectif « ésotérique » vient du grec *esôterikos* (« réservé aux seuls adeptes ») et s'applique à tout ce qui est mystérieux ou incompréhensible pour la plupart des gens, comme ce qui empêche de révéler aux non-initiés certaines parties d'un rite ou d'une doctrine, surtout religieux. On lui oppose le terme « exotérique », du grec *exôterikos* (« destiné au public »).

En philosophie, l'enseignement scolastique ésotérique (intérieur) était réservé à un groupe limité de disciples. En revanche, la partie exotérique (extérieure) était une activité didactique et philosophique non pratiquée à l'école, mais en public.

Le langage ésotérique n'est donc accessible qu'aux membres d'une secte obéissant à des règles, pas toujours celles de la pensée scientifique, et avec des bases susceptibles d'apparaître en opposition par rapport à la culture courante. Dans le monde classique où il est né, l'enseignement ésotérique était donc réservé à un cercle restreint de disciples et dispensé sous des formes secrètes et mystérieuses. Ainsi, du fait de leur contenu purement scientifique, les livres d'Aristote étaient ésotériques sous certains aspects (ou acroamatiques), car ils n'étaient destinés qu'à ses adeptes.

Par extension, le terme « ésotérique » évoque ce qui est propre aux doctrines ou aux conceptions religieuses à caractère mystérieux (théosophie, gnosticisme, etc.), et aux pratiques des sociétés secrètes et des sectes, selon lesquelles la vérité est révélée, à travers plusieurs degrés d'initiation, à un nombre restreint d'affiliés.

Il convient de préciser que les limites de ce contexte échappent souvent au profane, qui a du mal à focaliser les coordonnées propres aux principes de la pensée ésotérique.

En conséquence, « ésotérique » suggère également qu'on ne peut accéder à la compréhension d'un symbole, d'un mythe ou du réel que par un effort personnel d'élucidation progressive.

Sous un certain angle, on pourrait aller jusqu'à dire que la définition d'« exotérique » renvoie principalement à la forme, alors que celle d'« ésotérique » est surtout en rapport avec le contenu. Cette répartition des rôles est une des clés de voûte de l'ésotérisme, où l'harmonisation entre expression et contenu, jusqu'à leur résonance totale, détermine le rôle principal du symbole.

Le recours au symbolisme implique que l'ésotérisme utilise à un ensemble de formes et de figures permettant d'arriver à des évocations particulières qui répondent à des nécessités précises d'expression. C'est justement parce qu'il se fonde sur cette structure symbolique qu'on peut définir l'ésotérisme comme la doctrine selon laquelle une science particulière ne sera pas enseignée aux non-adeptes. Une définition relative, car ce qui est secret et réservé dans un groupe ou un pays peut ne pas l'être ailleurs.

Aujourd'hui, le concept d'ésotérisme suggère qu'il existe un domaine spécifique et vaste dont on perçoit les limites multiples, communes à d'autres terrains explorés plus à fond par les « sciences humaines ». En d'autres termes, on peut considérer l'ésotérisme comme un système de croyances, religieuses et philosophiques à la fois, soutenant des pratiques et des techniques occultes. On peut donc le tenir pour une sorte de langage, un ensemble codifié de signes et de symboles accessible uniquement à certains, de significations comprises seulement par ceux qui connaissent ce système de communication.

Le thème dominant de l'ésotérisme, entendu comme « contenant » de connaissances réservées à un cercle défini de personnes, est son caractère secret. Dévoiler un certain patrimoine de connaissances, c'est trahir le groupe auquel on appartient, le détruire en donnant en pâture aux profanes les éléments de base d'un savoir qui, interprété sans une préparation adéquate pour recevoir des messages profonds, peut être avili, mal interprété mais surtout perdu dans le chaos de l'ignorance.

En tant qu'éléments caractéristiques de l'ésotérisme, le secret et l'occulte ont de profondes racines dans l'histoire des groupes qui pratiquaient des religions à mystère et la magie. À l'occasion du procès, aux alentours de 155 après J.-C., où il fut accusé de magie, l'écrivain latin Apulée écrivait qu'il lui était facile de comprendre que toutes les énumérations de mystères semblent des bêtises et qu'à cause de son mépris pour les choses divines, on ne puisse le croire, alors qu'il évoquait le caractère sacré des symboles et de tant de cérémonies.

APULÉE

Né à Madaure (Numidie) en 125, il fit ses études de grammaire et de rhétorique à Carthage. Il se rendit ensuite à Athènes, où il étendit et diversifia sa culture tout en s'initiant aux cultes des mystères. Il vécut ensuite à Rome pendant un certain temps, puis revint à Carthage où il fut un conférencier brillant et très recherché. Sa vie a été marquée par un événement qui fit beaucoup de bruit : le procès intenté contre lui par les parents d'une riche veuve, Pudentilla. Selon l'accusation, il l'avait décidée à se marier en utilisant des pratiques magiques pour s'emparer de sa dote. C'est à cette occasion qu'Apulée écrivit alors une *Apologie* sophistiquée, ou *Pro se de magia liber*, un échantillonnage de tous les styles de rhétorique. On pense que le procès eut une issue favorable pour lui, compte tenu de l'habileté et de l'assurance de sa défense. Autre œuvre célèbre d'Apulée, *Métamorphoses*, plus connu sous le titre *L'Âne d'or*.

C'est ici qu'apparaissent deux aspects de l'ésotérisme, plus exactement deux « applications » :
– l'une pratique, comprenant des connaissances et des rituels non accessibles aux profanes, en un langage crypté ;
– l'autre intérieure, faisant de l'ésotérisme une expérience de vie en harmonie avec le reste de l'univers.

On reconnaît l'ésotérisme dans la nécessité de posséder non seulement une connaissance « autre », mais surtout de faire référence à un mode de vie le séparant des autres – son savoir et le « non-savoir » des autres. Ce qui s'effectue à travers le langage du symbole.

Cultura animi philosophia est, affirmait Cicéron : cette culture est le contenu ésotérique du savoir, le carburant intellectuel qui, à travers le montage du symbole, permet au spécialiste en ésotérisme de se livrer à ses spéculations, à ses comparaisons, à sa démarche culturelle transversale.

L'accès au savoir ésotérique est refusé aux profanes, isolés par les barrières des symboles dressés en vue de circonscrire une culture, de lui assigner une valeur spécifique et de la cacher aux non-initiés.

À voir comment on s'est acharné contre les templiers, les adamites, les rose-croix, les francs-maçons et bien d'autres, l'intérêt à démoniser ces groupes qui ne s'intéressent qu'aux aspects philosophiques de l'existence est évident. Un tel comportement pénalisant s'est encore accru quand les médias se sont intéressés à l'ésotérisme, parfois en mélangeant tout. Ainsi, on a superficiellement rendu publiques, du fait de leur aspect marginal, des cultures ésotériques interprétées comme des expériences à condamner globalement, et qui n'avaient rien à voir avec les règles et le contenu philosophique de certains groupes.

En outre, l'homme d'aujourd'hui n'est généralement pas porté sur la recherche ésotérique, pris comme il est par ses contradictions et sa course en vue d'un bien-être matériel qui étouffe presque toujours toute volonté d'approfondissement intérieur. Selon certains anthropologues, la civilisation moderne est une véritable anomalie : c'est en effet la seule à s'être développée dans un sens purement matériel, la seule par ailleurs à ne pas se baser sur des principes d'ordre supérieur. Cette évolution matérielle, qui se poursuit désormais depuis des siècles et s'accélère toujours plus, s'est accompagnée d'une régression intellectuelle qu'elle est incapable de compenser. Ainsi c'est la perte ou l'oubli du véritable intellectualisme qui a rendu possible les deux erreurs qui ne s'opposent qu'en apparence, mais qui sont en réalité corrélatives et complémentaires : rationalisme et sentimentalisme.

Ésotérisme et occultisme

On considère souvent « ésotérisme », « magie » et « occultisme » comme des synonymes, ce qui provoque une inquiétude rendant encore plus complexe une évaluation sereine des phénomènes.

Le mot « magie » désigne des attitudes spirituelles et mentales et des pratiques rituelles qui existent dans toute culture et tendent à agir sur la nature ou l'homme par l'intermédiaire de mots, de pensées, de gestes, de danses et de sons. Le magicien (sorcier ou chaman) est la personne la plus qualifiée – compte tenu de ses aptitudes psychiques particulières – à pratiquer la magie. Il prédit l'avenir et œuvre au profit du groupe dont il fait partie, en agissant sur le temps, le gibier, les produits de la terre, la santé ; mais il provoque aussi maladies, catastrophes, mort à distance d'ennemis du groupe ou personnels.

Les différents types de magie

Il existe essentiellement deux types de magie. Dans le premier cas il s'agit de **magie d'imitation**, qui part du principe « le semblable agit sur le semblable » et qu'on qualifie de symbolique car l'acte magique est un symbole reproduisant ce qu'il désire, ou encore homéopathique. Par exemple, si, pour obtenir de la pluie, on imite le phénomène en versant de l'eau et en imitant le bruit du tonnerre, c'est de la magie symbolique.

Dans le second cas, on parle de **magie sympathique** ou contagieuse. Fondée sur le principe que « la partie agit sur le tout », on la pratique sur un élément appartenant à une personne donnée ou à une chose. Le dommage que l'on cause en brûlant, en ensevelissant ou en frappant un objet qui lui appartient ou qui fait partie de son corps (ongles, cheveux, vêtements, image reproduisant ses traits) entre dans le cadre de ce second type de magie.

Autre subdivision, la **magie positive**, pratiquée pour obtenir ce qu'on désire, et la **magie négative**, pour éviter ce qu'on redoute.

Enfin, en fonction des buts bénéfiques ou maléfiques de la pratique rituelle, on parle de **magie blanche** ou de **magie noire**.

Utilisé pour la première fois dans la seconde moitié du XVIe siècle, le mot « occultisme » indiquait ce que notre esprit ne peut saisir, qui est donc au-delà de la compréhension et de la connaissance ordinaires.

De fausses interprétations se sont greffées autour de ce thème, faisant perdre de vue sa valeur effective. On peut raisonnablement tenir pour occultes les pratiques, les techniques et les procédés qui :
– déclenchent des forces cachées ou secrètes de la nature ou du cosmos, ne pouvant être mesurées ni connues avec les instruments de la science moderne ;
– ont pour conséquence des résultats pratiques, connaître des événements déterminés ou en alterner le cours.

Si celui qui exerce l'activité occulte n'est pas simplement un agent, mais une personne ayant acquis un savoir spécialisé et des techniques appropriées, et si ces dernières sont apprises ou transmises selon des procédés organisés socialement (mais non disponibles publiquement) et qui sont devenus communs et rituels, on est en droit de parler de sciences ou d'arts occultes.

Le lien entre ésotérisme et occultisme évoque donc une dimension où l'expérience philosophique et religieuse de l'ésotérisme et celle, magique, de l'occultisme se situent finalement sur le même plan, avec une tension éventuelle entre deux contextes (religion et magie) apparemment en opposition.

La laïcisation de l'ésotérisme, dans une vision un peu superficielle, a abouti à son ouverture aux prérogatives de l'art magique, ce qui a provoqué l'affirmation de buts faux où la quête intérieure finit par passer sur un plan de recherche purement matérialiste. L'alchimie se situe dans ce cas emblématique. Comme chacun sait, les études anciennes concentrées sur l'étude de l'homme se réduisent à la recherche vulgaire de moyens pour transformer des matériaux en or. La matrice ésotérique de l'alchimie a été l'objet de spéculations et d'approfondissements impossibles à résumer ici ; disons simplement qu'alchimie et ésotérisme ont plusieurs points communs, particulièrement au niveau de la structure, même si leurs caractéristiques sont différentes. Sous certains aspects, l'alchimie est très proche de l'ésotérisme, en particulier du fait de sa façon cryptée de se placer face à la science officielle, laquelle, selon ses fondements expérimentaux, nie tout ce qui échappe à une vérification immédiate en laboratoire. Mais surtout elle met de côté tout type de connaissance tendant à associer, objectivement et pas toujours systématiquement, deux cultures très différentes : la culture humaniste et scientifique. Se présentant souvent comme interlocuteur – mais aussi d'une manière provocatrice – par rapport à la science, l'ésotérisme suscite des doutes et des critiques de la part d'une certaine culture académique conditionnée par les méthodologies rationnelles et positivistes. Le symbolisme ésotérique a trouvé dans la tradition littéraire et philosophique un terrain possible de développement et de dialogue. Il est symptomatique qu'Anatole France observe, à la fin du XIXe siècle, qu'un grand nombre d'œuvres littéraires actuelles ne peuvent être comprises sans une certaine connaissance des sciences occultes. L'ésotérisme occupant une grande place dans l'imagination des poètes et des romanciers de son époque. Il constatait par ailleurs qu'on revenait sans cesse à Apulée et à Flégont de Tralle.

Comme on l'a déjà observé, pour nous autres, Occidentaux, l'accès à une culture ésotérique n'est ni facile ni immédiat : il nous manque l'harmonie pour une approche mûre de ce savoir, mais surtout une connaissance théorique du sujet.

Le langage symbolique de l'ésotérisme

Le mot « symbole » pose des problèmes car il se prête à de fausses interprétations. Du fait de sa nature, il s'agit d'une « valeur » riche en interprétations, dont le vrai sens peut même avoir des caractéristiques opposées.

Conventionnellement ou par association d'idées, le symbole évoque un concept abstrait, une condition, une situation, une réalité à caractère général, souvent en relation avec le sacré. Le mot grec *sumbolon* renvoie au verbe composé *sunballein* « réunir ».

Autrefois, on appelait *sumbol*, ou carte d'hospitalité, l'anneau ou un autre signe brisé en deux qui, conservé par deux familles, prouvait l'hospitalité donnée ou reçue.

C'est ainsi que l'on marquait la carte que les juges d'Athènes recevaient à l'entrée du tribunal et qui leur permettait de percevoir leur dû (un peu comme l'actuel « jeton de présence » des hommes politiques) ; c'était aussi l'alliance matrimoniale et ce qu'on donnait en dépôt de garantie dans les contrats de vente.

L'homme rationnel et le symbolisme

Le rapport de l'homme avec les symboles remonte très loin et l'on a beaucoup écrit à ce sujet. En ce qui me concerne, mon rationalisme éprouve souvent un certain malaise face aux hypothèses avancées par certaines interprétations ésotériques. Du fait sans doute de ma sensibilité de perception limitée, j'ai du mal à trouver des liens dont je ne peux vérifier les sources ou les auteurs. Comment puis-je croire – me suis-je demandé plusieurs fois – que des symboles vus par les historiens de l'art en peinture ou en sculpture aient été voulus par l'artiste ? Pourquoi dois-je voir dans la structure d'une cathédrale gothique des liens avec l'alchimie médiévale ? Ou encore : comment puis-je être sûr que derrière certaines œuvres il y a la main d'un maître, dépositaire de secrets ésotériques révélés à une minorité et transmis sous une forme déterminée ? Ces interrogations ont toujours persécuté l'homme rationnel dans sa tentative de divulguer les certitudes d'Hermès Trismégiste pour ne citer que lui.

> **HERMÈS TRISMÉGISTE**
> Figure légendaire (que l'on assimile au dieu Hermès, ou Mercure), à laquelle les Anciens ont attribué les « écrits hermétiques », un ensemble d'œuvres philosophiques et religieuses, mais aussi l'enseignement de l'écriture aux Égyptiens. L'adjectif appliqué à Trismégiste, « trois fois grandiose », s'explique par le triple pouvoir qu'on lui attribuait : dans le ciel, sur la terre et outre-tombe.

Simultanément, considérer le symbole permet de constater notre nécessité de tenir compte d'une harmonie possible, d'une sorte de lien parallèle suggéré par le parcours symbolique. En fait, un langage dans le langage, susceptible de nous raconter une histoire sans fin, dans laquelle chacun de nous essaie de mettre à l'épreuve ses connaissances ou, tout au moins, sa soif de connaissances. Comme l'énonçait le philosophe Plotin, « dans la vie, le hasard n'existe pas, il n'y a que des liens ordonnés », on ne peut nier qu'*a priori* le plus petit signe fortuit, dans un ensemble architectural, fasse partie d'un grand « discours ». En particulier, les différentes parties de l'œuvre d'un artiste brisent le périmètre éphémère de l'esthétique et deviennent un territoire où les symboles se pourchassent et créent des tourbillons, à l'intérieur desquels l'ésotérisme devient un langage accessible à peu de monde.

« Peintres et poètes ont toujours eu le droit d'oser des choses en tout genre », commentait le poète latin Horace ; il n'y a donc pas de raison pour que notre œil critique s'attarde sur l'apparence, en refusant à une œuvre un rôle qui va sans doute au-delà de sa fonction primaire.

Même si un architecte ou un artiste n'ont pas eu l'occasion de nous communiquer avec précision leurs parcours créatifs, la genèse de leur langage symbolique ou les intentions de leur « discours », cela ne nous autorise pas à croire que, sous ce que l'on voit, on ne peut observer autre chose et découvrir un langage plus profond, capable de nous amener à la Connaissance, l'harmonie toujours évoquée et recherchée, mais si difficile à atteindre. Bien sûr, cette recherche doit être faite *cum grano salis*, car elle nécessite toujours, quels que soient sa configuration et l'objectif visé, de délimiter le domaine de recherche.

Tout ensemble symbolique se présente comme la manifestation d'un programme culturel ayant un objectif, un rôle bien précis. S'agissant de la réalité, le symbolisme s'exprime par un réseau complexe de signes avec de nombreuses significations dans le labyrinthe de la représentation. Approcher le mécanisme de base du symbolisme est certes difficile, surtout dans notre culture où le matérialisme semble avoir le dessus sur toute autre valeur allant au-delà de l'apparence.

Essayer de comprendre le langage symbolique, c'est chercher des rapports entre des sources et leurs conséquences éventuelles, jusqu'à faire affleurer des significations pouvant faire partie d'un code, pas toujours identifiable, même par ceux qui utilisent ce même langage.

Le symbole produit une tension communicante, un processus transitoire qui se déplace de l'être ou de l'objet au plan de la connaissance, en impliquant une série d'éléments ultérieurs, selon la « vie magnétique » particulière des symboles (voir plus bas).

Aujourd'hui, nous avons très peu de réflexes symboliques, nous ne pouvons comprendre qu'une petite partie du vécu effectif des symboles car, comme le soulignait Carl Gustav Jung (fondateur de la psychologie analytique), toute l'énergie que l'homme occidental met dans la science et la technique, il la consacrait autrefois à sa propre mythologie.

L'analyse du symbolisme des formes permet d'enrichir la signification d'une structure qui semble s'opposer à la vision historique et rationnelle des faits.

Mircéa Éliade a longuement expliqué que si ces positions semblent inconciliables, il ne faut pas pour autant croire que l'implication symbolique annule la valeur concrète et spécifique d'un objet ou d'une opération. Le symbolisme ajoute une nouvelle valeur à un objet ou à une action, sans pour autant attenter à ses valeurs immédiates ou historiques. Appliqué à un sujet ou à une action, il les transforme en faits ouverts. Reste à savoir si ces ouvertures sont des moyens d'évasion ou si, à l'inverse, elles représentent la seule possibilité pour accéder à la véritable réalité du monde.

D'autres adoptent sur le sujet une position encore plus radicale en pensant qu'admettre une signification symbolique implique le refus de la signification littérale ou historique : une telle opinion est issue de l'ignorance de la loi de correspondance, la base de tout symbolisme, selon laquelle toute chose, issue d'un principe métaphysique lui donnant sa réalité, traduit et exprime ce principe à sa façon et selon son ordre d'existence ; ainsi, d'un ordre à l'autre, tout s'enchaîne et correspond pour parvenir à l'harmonie totale universelle.

Donc, le symbole n'exclut pas l'approche historique, mais les deux formes semblent confluer (tout en subissant un poids idéologique) vers une troisième voie, plus soucieuse de l'aspect philosophique qu'à celui lié uniquement à l'apparence. Sans affirmer ni nier ce qu'il évoque, le symbole existe à partir du moment où il entre dans l'histoire et devient matière vivante, capable de nous « raconter » quelque chose qui renvoie à un univers non évident.

Le symbolisme présupposant qu'on se fie naturellement au comparatisme – d'où une vision de la culture souvent trop radicale et pas assez directe de l'ensemble – est l'un des risques les plus évidents. D'après Jung, l'analogie « n'est pas seulement une figure logique, mais une identité occulte », une persistance de la pensée animiste et primitive. Or, d'après la psychanalyse, faire des évaluations au moyen de symboles signifie revenir à un stade atavique sous certains aspects et redécouvrir une manière de se situer face à la réalité des faits tenant souvent compte du mythe et cherchant sans cesse des vérifications dans le cadre du sacré.

Symbole, science et mysticisme

D'après les chercheurs se fondant sur l'analyse rationnelle, insensibles à l'attrait du symbolisme ésotérique, il faut absolument tenir compte du fait que cette approche ne garde de l'expérience que le minimum de fragments pour établir le maximum d'hypothèses, sans se soucier de les vérifier : si son but est la connaissance, l'effort intellectuel est alors disproportionné et mal appliqué. Ainsi, Dan Sperber dans son ouvrage *Pour une théorie du symbolisme* définit comme symbolique toute activité où les moyens expressifs utilisés lui paraissent nettement sans proportions par rapport à leur fin explicite ou implicite, dans le but de connaître, communiquer ou produire, et donc toute activité dont la raison lui échappe.

Ce type de critique peut avoir un sens quand le symbole est le premier objet d'étude des sciences humaines et que l'impact de la métaphore confond les idées en les entraînant au-delà de la rationalité, dans un chaos philologique. En revanche, le symbole est nécessaire et presque fondamental dans la rencontre entre le sacré et l'humain, quand il y a échange d'expériences ne pouvant se passer d'un langage propre, façon de participer à une même aventure, très souvent empreinte de mysticisme.

Pour certains, le devoir de communiquer l'expérience mystique est le plus difficile car, à l'évidence, il n'existe aucun langage pour exprimer ce qui, du fait de son essence, est inexprimable. C'est pourquoi on utilise souvent des stratagèmes tels que similitudes, métaphores et paradoxes, avec beaucoup d'images relatives au monde sensible. Outre l'expérience sensible, il n'existe pas d'autre moyen pour décrire l'expérience mystique que le langage lié à la perception des sens. Les images des sens doivent servir de symbole à ce qui n'a pas d'équivalent sensible.

Le recours au symbole devient donc un moyen « alternatif » pour parler avec le sacré, approcher l'ésotérisme, par le biais d'itinéraires de l'esprit que chacun essaie de saisir dans les signes, les reflets, les formes qui se transforment continuellement. Le tout, alors que le langage secret du mythe ne cesse de nous cerner avec ses hypothèses et ses provocations.

Il ne faut pas oublier que l'équilibre est la première valeur de l'observateur, conditionné par sa propre culture. Aujourd'hui, il est difficile d'affronter une entreprise de ce type, en particulier pour deux raisons :
– nous ne connaissons pas précisément la signification de ce que nous observons en rapport avec son contexte culturel et historique ;
– l'afflux incessant d'images, typique de notre époque, rend paradoxalement difficile une interprétation objective des images du passé.

L'approche du symbolisme

Le fait de voir semble oblitérer le fait culturel d'observer, ce qui limite notre approche de la connaissance et nous laisse en proie aux seules apparences. Aujourd'hui, conditionnés par notre présomption de savoir, plus ou moins inconsciente, nous pensons avoir appris quelque chose rien qu'en regardant l'expression de la connaissance, estimant qu'on se disperse dans une autre approche plus approfondie qui ne condense pas tout sur-le-champ, comme le voudrait notre style de vie contemporain. Mais, si l'on ne s'arrête que sur l'image, une réflexion mûrie quant à notre manière de l'utiliser pour connaître et grandir se révèle nécessaire.

Il n'est pas facile de découvrir ce que laisse un symbole chez l'observateur (ou chez celui qui regarde tout simplement) ; il ne nous en reste que des fragments, par une sorte d'empathie dont les lignes directrices nous échappent.

Quand on est dépassés par l'aspect fugitif de l'expérience, on s'adresse aux images. À ce titre, il est important que les images existent aussi hors de la personne, en elle puisque les images sont sujettes au changement. Il doit y avoir un lieu où l'on peut les retrouver intactes et pas uniquement pour un seul d'entre nous, mais n'importe qui se sentant dans l'incertitude. Alors l'expérience s'arrête, on regarde les images en face. On se calme grâce à la connaissance de la réalité, qui est nôtre, même si elle avait été préfigurée pour nous.

Apparemment, elle pourrait exister même sans nous. Mais cette apparence est trompeuse, les images ont besoin de notre expérience pour se réveiller. C'est pourquoi certaines d'entre elles restent assoupies pendant des générations : personne n'a été capable de les regarder avec l'expérience qui aurait permis de les réveiller à nouveau.

Il est peut-être rationnel de penser que le symbole joue sur deux plans :
– celui du réel, où il exprime ce qu'il est, quel que soit le contexte où on le place ; il ne perd donc presque pas son autonomie d'origine (un arbre se transforme en arbre sacré sans cesser d'être un arbre, en vertu du pouvoir qu'il manifeste) ;
– celui qui est conditionné par le contexte culturel, historique et géographique où se trouve le symbole.

Souvent le symbolique a plusieurs facettes, les relations qu'il propose peuvent être influencées par de multiples causes extérieures ; du fait de cette ambiguïté, il est difficile de se faire un jugement objectif si l'on n'est pas disposé à ne se fier qu'aux sollicitations de l'ésotérisme. Sur ce point, M. Schneider nous offre une occasion de réfléchir intéressante en se servant du symbolisme des instruments de musique. Il prend notamment l'exemple de la flûte qui, par sa forme, est phallique et masculine, alors que sa sonorité est féminine. Il y a une correspondance étrange d'une duplicité inverse de cet instrument avec le tambour, dont la voix grave est masculine, alors que ses formes arrondies sont féminines.

D'après Jung, l'homme a plusieurs possibilités pour utiliser l'instrument symbolique :
– la comparaison analogique, entre deux objets ou deux forces dans une même ordonnée de rythme comme le feu et le soleil ;
– la comparaison causale objective (faisant allusion à un terme de la comparaison et qui la remplace par l'identification : ainsi, le soleil bienfaiteur) ;
– la comparaison causale subjective (qui procède comme dans le cas précédent et identifie immédiatement la force à l'aide d'un symbole ou objet possédant la fonction symbolique adaptée à cette expression : phallus ou serpent) ;
– la comparaison active (non basée sur les objets symboliques mais sur leur activité, en conférant du dynamisme et de l'intérêt dramatique à l'image : libido féconde comme le taureau, dangereuse comme le sanglier, etc.). Le rapport que cette dernière forme avec le mythe étant évident.

Tel un aimant, le symbole attire les phénomènes correspondants qui proposent une base commune, s'orientent avec le même rythme dans l'itinéraire de la conscience.

À la différence des sciences sociales qui essaient de définir des relations horizontales au sein de la culture, par le langage du symbole, l'ésotérisme propose une approche verticale, certain que des « rythmes cosmiques » existent entre les choses et les personnes : un dialogue toujours ouvert, capable de ne faire vibrer que quelques hommes.

D'après les spécialistes de l'ésotérisme, le symbole « réunit ce qui est dispersé », il met en rapport monde extérieur et intérieur, et se transforme en une sorte de pierre angulaire où des expériences – apparemment très différentes et lointaines les unes des autres – sont mises en contact. Le symbolique démontre que le réel, simple ou complexe, acquiert une physionomie et des règles dont les prérogatives vont au-delà de celles communes et superficielles.

La valeur du symbole se situant à différents niveaux de la réalité, il fournit de multiples éléments pour vérifier mythes et légendes installés dans l'inconscient collectif. Le symbole « explique » le mythe, c'est une matière polyvalente, il est le dépositaire d'une clé qui lui est propre pour accéder à la Connaissance. En fait, le symbole s'abaisse ou s'élève en fonction du niveau où on lui demande d'exprimer sa potentialité. C'est peut-être dans ce dynamisme que se trouve le risque encouru par ceux qui considèrent le mécanisme symbolique comme un instrument unique pour accéder à la signification d'un domaine déterminé de la culture, où il fait figure de clé de voûte.

Le symbole est un ensemble de connaissances qui, comme des électrons autour de l'atome, s'agitent frénétiquement, afin de faire prévaloir une signification plutôt qu'une autre.

C'est à l'observateur de comprendre dans quelle mesure cette « agitation » doit être saisie sans les conditionnements dus au besoin d'arriver à tout prix à un résultat.

Il ne faut pas non plus voir des symboles ésotériques partout. Trop souvent, on entend parler mal à propos et imprudemment du symbolisme ésotérique. Quand on s'approche du couple symbole-ésotérisme, on risque de se laisser emporter par une interprétation excessive et de se faire éblouir pour rien.

Afin de comprendre le symbole d'une manière équilibrée, il faut être conscient de se trouver face à une image ou à un rite qu'il ne suffit pas de *voir* mais qu'il faut *observer*.

Il convient en outre de considérer que les modalités du regard (activité relevant de la perception) et de l'observation (activité relevant de la culture) – à l'origine du traitement des interprétations – jouent un rôle fondamental dans la culture occidentale contemporaine, ancrée dans l'image et la vision.

Le fait de voir est d'une importance fondamentale, surtout s'il est accompagné d'une réflexion critique sur la valeur effective de la représentation et la stratégie du regard, nous permettant de refuser les apparences, en déclenchant un filtre critique pour sélectionner les informations en provenance de la vision.

Le symbole comme rapport avec l'Absolu

Toute expérience de l'ésotérisme n'a jamais été faite en vain : même la plus modeste et la plus apparemment banale joue un rôle, a une fonction qui lui est propre.

Faisant référence à saint Paul, saint Augustin considérait qu'on pouvait connaître les *invisibilia Dei*, les « idées de Dieu », en partant des choses visibles portées à la connaissance de tous, et qu'on définit comme symboles. Le rythme de la nature réfléchie dans l'harmonie des formes, de même que la théorie du macro et du microcosme, se fondait sur le nombre, les propositions, le sens du rapport, les analogies et les résonances.

En effet, toute forme a un son, une harmonie qui se cristallise en un mécanisme fait de signes, avec un système dialectique complexe, où même la spéculation philosophique la plus profonde trouve le moyen d'être dans l'histoire, pour aller au-delà des chaînes des apparences, chercher le visage de Dieu, les traces de Son langage pour comprendre que le Verbe est là, écrit dans les symboles, dans les élaborations les plus complexes, mais aussi dans les expressions moins importantes du rite, du mythe, de l'art.

Dans son *Didascalion*, le philosophe mystique français, Hugues de Saint-Victor, considérait l'univers sensible comme un livre écrit par Dieu, susceptible d'être réfléchi dans les symboles installés par l'homme, tel un édifice sacré, les uns à côté des autres. Toutefois, cet ensemble de symboles n'est accessible qu'à ceux qui sont capables de briser les chaînes des apparences et d'aller au-delà des fausses représentations, vers l'essence des choses.

Prenons l'exemple d'un analphabète qui regarde un livre, il y verra des signes, mais ne pourra pas reconnaître des lettres qu'il ignore. De la même façon, un homme qui n'a pas encore atteint le spirituel est frappé par la beauté extérieure des créatures, sans voir ce qu'est Dieu. Il est semblable à celui qui admire la couleur et la forme des images d'un livre, sans pour autant saisir leur signification. Quiconque a le sens de Dieu ne s'arrête pas à la beauté de la forme, et découvre au-delà de celle-ci la sagesse qui l'anime.

L'homme spirituel sait qu'il appartient à l'histoire, mais simultanément il est conscient d'aller au-delà car il s'ouvre à la transformation de son monde, sans doute en attendant l'avènement d'une période nouvelle ou peut-être uniquement d'un présage en mesure de s'élever, ne serait-ce qu'un instant, vers l'Absolu.

En paraphrasant le grand philosophe danois Soren Kierkegaard, l'homme spirituel est témoin de l'Absolu, et c'est exclusivement dans ce domaine que s'affirme le vrai langage des symboles. En dehors de l'Absolu, il est dénué de tout contenu. Quand des hommes dépourvus de ce sens ont recours aux symboles, il ne s'agit que de logomachie, comme si un théologien parlait de Dieu en étant athée. Dans les deux cas, ce ne sont que des mots creux, et le langage ne devient jamais verbe créateur. Ce n'est en rien le résultat d'un dialogue impliquant l'existence, et donc il n'arrive pas à convaincre. La difficulté tient au fait qu'on se prononce sur tout, sans pour autant savoir de quoi l'on parle.

Le fait de connaître au moins un peu le symbole ésotérique peut aider à corriger cette erreur et à devenir plus sensible aux aspects moins évidents d'un univers où sens pratique et prise de conscience de l'Absolu sont souvent amalgamés.

L'ÉSOTÉRISME SYMBOLIQUE ET LES JEUX

On attribue souvent au jeu des valeurs qui n'ont rien à voir avec l'engagement : l'activité ludique est presque toujours considérée comme une expérience dénuée de tout lien avec le monde des « choses sérieuses ». Or les jeux, eux aussi – pour enfants ou pour adultes –, peuvent être conçus comme des activités en mesure de transmettre des informations non directes, donc ésotériques, à ceux qui s'y adonnent. D'après une interprétation populaire très répandue, l'enseignement le plus superficiel peut faire partie de la morale : trace ésotérique authentique qui indique un comportement mettant en évidence des aspects simples et immédiats, tels que : « il faut savoir perdre », « l'important, c'est de participer », « on ne peut pas toujours gagner dans la vie », etc.

Mais il arrive que les contenus soient d'un autre type : il peut s'agir d'un enseignement visant à exalter des aspects non déclarés, comme la spéculation dans le cas du Monopoly, ou d'autres, moins voyants et « philosophiques », les échecs, par exemple. Toutefois, avec son apparente simplicité, même le jeu de l'oie est une reconstruction symbolique très précise contenant les thèmes fondamentaux de l'initiation.

Ainsi, l'apprentissage tactique du jeu des échecs est un cas évident de la valeur ésotérique d'un jeu ; aujourd'hui, dans les « jeux de rôle », on a des exemples encore plus convaincants car ils renvoient au monde de la *fantasy* et à son univers fait de symboles et de références mythologiques.

Sans pénétrer plus avant dans la complexité de ces jeux de rôle, revenons à notre bon vieux jeu de l'oie et à ses références symboliques précises. Pour certains ésotéristes, ce serait une sorte de « guide » pour ceux qui s'apprêtaient à entreprendre le pèlerinage à Saint-Jacques-de-Compostelle. Dans certains cas, les cases de ce jeu seraient de vrais panneaux de signalisation indiquant les obstacles du parcours ; la représentation symbolique donnerait aussi des indicateurs plus spirituels, incitant les joueurs pèlerins à acquérir la pureté nécessaire pour atteindre le lieu sacré.

À l'appui de cette théorie ésotérique, on a même avancé le fait que le long du chemin de Compostelle il y a des lieux où l'on retrouve le mot « oie » : monts de l'Oie, le fleuve Oie, la vallée de l'Oie.

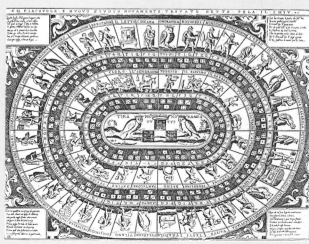

Représentation ancienne du jeu de l'oie

À LA RECHERCHE DES ORIGINES

Peut-on espérer trouver les racines du symbolisme ésotérique dans les replis de l'histoire ? Cette recherche ne manque pas d'aspects problématiques car, dans bien des cas, on ne dispose que d'informations partielles sur les rituels, les dogmes, les mystères de nombreuses religions ; et il n'est resté quasiment rien des rites moins connus et, justement, ésotériques.

D'après les spécialistes en ésotérisme, certains monuments de la préhistoire étaient des constructions sacrées destinées à rassembler des significations que ne pouvaient comprendre que certains initiés (les prêtres), et leur réalisation était le fruit de connaissances extraordinaires, souvent extrêmement anciennes et transmises à quelques adeptes.

On peut repérer la clé utilisée par les ésotéristes dans chacune de ces structures sous forme d'éléments récurrents, pouvant être mis en corrélation avec une vision symbolique menant à une interprétation ésotérique. Cette hypothèse se heurte aux thèses des rationalistes : d'après eux, il est impossible de prétendre trouver une trace commune dans des réalisations qui, le plus souvent, ont eu des historiques très différents.

Il existe donc deux « écoles de pensée » :
– la première, plus positiviste, nie en général toute évaluation symbolique, tendant à ramener les expressions culturelles sur un plan matérialiste ;
– la seconde cherche, en revanche, dans l'ésotérisme les réponses que la science a souvent du mal à donner.

Comme toujours, la vérité est sans doute à mi-chemin.

Les constructions en pierre

L'un des exemples les plus anciens du symbolisme ésotérique est représenté par les ensembles mystérieux en pierre, réalisés dès le néolithique et insérés dans la culture dite « mégalithisme ».

Dans ce système symbolique extraordinaire, c'est la pierre qui joue un rôle ésotérique fondamental, en tant que matériau en contact étroit avec le sacré et partie intégrante des rites dans toutes les religions et depuis l'aube des temps. Tout langage religieux a eu besoin de la pierre « éternelle », en mesure de témoigner de l'immortalité de la matière créée en premier, expression symbolique du rapport entre terrestre et divin. Considérée sous cet angle, la pierre devient le point de contact entre l'homme et la divinité, le lieu privilégié pour favoriser la prière. Il existe un nombre infini de cas dans toutes les religions : à titre d'exemple, le rêve de Jacob, où la pierre est effectivement nécessaire pour communiquer avec Dieu, par l'intermédiaire du rêve (*Genèse*, XXVIII, 11-13).

La *saxorum veneratio* (le « culte des pierres »), si combattue au début du christianisme, pour des raisons dogmatiques évidentes, a tout de même laissé une trace concrète dans nos mémoires mythiques et occupe, à différents niveaux, un espace défini dans nos rapports avec le métaphysique.

Le menhir

La construction lithique la plus simple, essentielle, qui a été l'objet de débats entre archéologues, est le menhir (du breton *men* = pierre, *hir* = long), le document sans doute le plus énigmatique de la culture mégalithique. Composé d'un seul élément vertical fiché dans le sol et très répandu dans la zone d'influence culturelle celtique, cet étrange monument est étudié depuis toujours par les archéologues.

Même si sa fonction au sein du rite n'a pas encore été élucidée, son lien

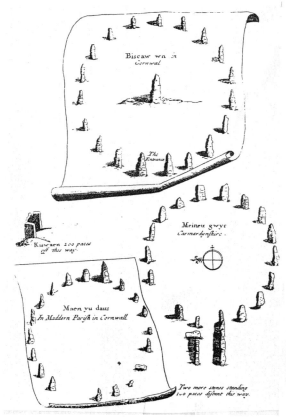

Gravure du XVIIIe siècle représentant trois ensembles de menhirs anglais

Menhir à Champ Dolent, en Bretagne

avec le sacré est avéré, comme d'ailleurs la plupart des témoignages lithiques de nos ancêtres.

La datation des menhirs est elle aussi problématique si l'on ne trouve pas dans leur environnement des objets fournissant quelques indications. Il s'agit en général d'œuvres réalisées à partir du néolithique et qui sont entrées plus tard dans la tradition religieuse celtique.

De nombreuses régions d'Europe présentent de véritables étendues de menhirs : exemple caractéristique, le site de Carnac, en France où, dans la région de Le Ménec, on trouve au moins 1 169 monuments de ce type en rangées parallèles sur environ un kilomètre. C'est un ensemble immense, dont le rôle continue d'être un mystère, même si plusieurs hypothèses le mettent en rapport avec l'observation astronomique.

Mais il y a aussi d'autres menhirs isolés, encore debout ou tombés, en plusieurs points d'Europe. Ils sont toujours un beau sujet de dilemme pour les historiens et un creuset suggestif d'hypothèses pour les passionnés d'énigmes.

Le dolmen

Le dolmen (du breton *dol* = table, *men* = pierre) est le monument par excellence de la tradition religieuse et funéraire celte. Il s'agit d'une structure très simple : une pierre posée à l'horizontale sur deux pierres verticales. Il est tenu le plus souvent pour une chambre funéraire, même si tous les spécialistes ne partagent pas cette hypothèse. On pensait autrefois que ces grandes structures lithiques étaient des espèces d'autels pour sacrifices humains. L'anthropologie moderne a démenti cette hypothèse.

Dolmen à Carnac

L'ENSEMBLE DE STONEHENGE

À en croire de nombreux spécialistes en ésotérisme – parmi lesquels figurent aussi des hommes de science –, le symbolisme de plusieurs monuments mégalithiques devrait être interprété en fonction de l'astronomie et de l'astrologie. Dans ce sens, l'ensemble très célèbre de Stonehenge occupe une position tout à fait particulière dans la mesure où il a été fréquenté pendant mille cinq cents ans environ, de 3000 à 1500 avant J.-C. Il est donc erroné de considérer le tout comme le résultat d'un projet unique, réalisé par des individus : il faut, en revanche, voir en lui une œuvre, fruit du travail de plusieurs générations.

À l'origine, la structure de Stonehenge comportait une enceinte circulaire avec un terre-plein et un fossé et une entrée flanquée de deux monolithes. On pratiqua ensuite cinquante-six trous le long du périmètre, servant sans doute au dépôt des offrandes. Dans un troisième temps, on dressa deux rangées de pierres en fer à cheval et l'on traça probablement une voie d'accès. On construisit enfin la grande structure à cinq dolmens, également en fer à cheval, dans l'enceinte des rangées de pierres.

Il y a longtemps que l'on discute sur la fonction de ce grand ensemble : en général, les scientifiques pensent qu'il s'agit d'une sorte d'observatoire n'ayant rien d'une création révolutionnaire, fruit de calculs astronomiques mystérieux, même s'il fut conçu avec grand soin et d'après de solides connaissances techniques.

Un autre mythe très répandu concerne l'origine des pierres utilisées pour la construction de Stonehenge. On pensait autrefois qu'elles avaient été extraites dans une carrière située à au moins deux cents kilomètres, alors que des travaux plus récents démontrent que les blocs proviennent d'une région à un ou deux kilomètres du monument ; il s'agit dans les deux cas d'une distance non négligeable, compte tenu des moyens disponibles à cette époque. En dépit des tentatives visant à minimiser l'importance de Stonehenge, cette construction extraordinaire continue à jouer un rôle fondamental dans l'« imaginaire celtique » de plusieurs ésotéristes.

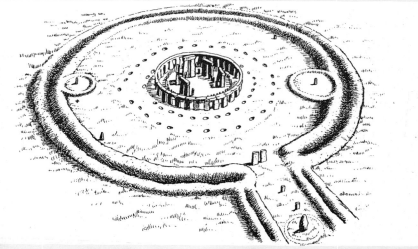

Représentation de l'ensemble mégalithique de Stonehenge

Au Moyen Âge, plusieurs dolmens présents dans certaines régions d'influence celtique ont été abattus. Étant liés à des cérémonies funéraires, on pensait qu'ils abritaient des démons : autour de plusieurs d'entre eux, on a effectivement trouvé des traces de pratiques en relation avec le culte des morts.

En Italie, on a retrouvé des dolmens dans les Pouilles, et un ensemble important – dont font également partie un labourage sacré et le rite des semailles de dents – se trouve dans le Val d'Aoste, à Saint-Martin de Corléans. Le site énigmatique de Stonehenge, en Grande-Bretagne, comprend une série de dolmens structurés selon un dessin bien défini, mais qui reste en grande partie à élucider. Les dolmens ont sans doute joué un rôle en rapport avec l'astronomie.

Comme pour les menhirs, la fonction de ces grandes structures continue d'être un mystère, et même l'archéologie, qui s'est démenée pour résoudre leur énigme, n'a toujours pas réussi à dépasser le stade des hypothèses. Toutefois, les archéologues ont découvert les techniques des hommes de l'Europe préhistorique et protohistorique pour soulever ces grandes masses de plusieurs tonnes. Grâce à des cordes et à des plans inclinés, une fois équarries, les pierres étaient portées et soulevées jusqu'à l'endroit choisi.

Les « collines de la craie »

C'est ainsi qu'on appelle les collines situées entre Londres, Oxford, Yeavil et Brighton. La particularité de cette région ne lui vient pas de ses caractéristiques géologiques mais des figures gigantesques et un peu mystérieuses apparaissant sur certains de ses reliefs.

Les géants

La représentation la plus singulière se trouve non loin du village de Cerne Abbas, dans le comté du Dorset : un homme d'environ cinquante-cinq mètres de haut, nu, avec un phallus gigantesque en érection et portant une massue noueuse (d'au moins trente-sept mètres de long). Il s'agit à l'évidence d'une figure insolite ayant donné lieu à une foule d'hypothèses et à tout autant de légendes.

On raconte qu'autrefois il y avait une inscription entre les pieds du géant : *Jehovah/Jesus hoc destruxit* (« Dieu la détruisit »), due peut-être aux premiers évangélisateurs chrétiens de l'île pour exorciser les influences négatives de cette manifestation extraordinaire du paganisme. Cette figure, exécutée avec une très grande maestria, remonterait en fait à la culture celtique et représente sans doute une divinité locale telle qu'Ogma, protecteur de l'éloquence et inventeur de l'écriture (voir le chapitre sur l'écriture), avec des caractéristiques proches de celles de l'Hercule grec plus célèbre (dont les exploits et le culte parvinrent dans cette partie de l'Europe par l'intermédiaire des légionnaires romains).

D'après la tradition populaire, dans cette région vivait un géant qui semait la terreur parmi les habitants : il détruisait les cultures et dévorait les brebis. Un jour, il s'arrêta pour se reposer sur la colline de Cerne Abbas et s'y endormit. Les hommes du lieu le tuèrent et tracèrent ensuite à la craie le contour du personnage, en souvenir de l'événement. La première source historique sur le géant remonte à 1751 : une lettre de John Hutchins, un historien local, qui mentionne cette représentation comme « une œuvre moderne, gravée entre 1641 et 1666 ». Cette version ne satisfait pas d'autres historiens, car, tout en admettant que le dessin du géant ait été recopié en de nombreuses occasions, cela n'exclut pas son origine très ancienne. En outre, comme on l'a déjà dit, il y a dans cette zone d'autres témoignages intéressants tendant à confirmer une tendance archaïque à « décorer les collines ». En effet, on trouve un autre géant mystérieux sur la colline de Windover, à côté de Wilmington, dans le Sussex. Connu sous le nom d'*Homme grand*, il mesure soixante-dix mètres et ses bras écartés portent deux minces bâtons. Cette œuvre a été restaurée en 1874, mais elle aurait été réalisée il y a deux mille ou deux mille cinq cents ans.

Le géant de Cerne Abbas

D'après de nombreux chercheurs, les représentations de géants seraient un témoignage, précédant le christianisme, à mettre en rapport avec le culte de la fécondité. À l'appui de cette thèse, il y a la persistance de certains rites pratiqués au début du XIe siècle par les paysans du lieu. Le plus répandu et le plus significatif était celui auquel participaient les femmes stériles : elles s'allongeaient sur le phallus du géant (de neuf mètres de long) pour favoriser la fécondité. C'est une pratique très répandue au centre-nord de l'Europe où existent de grandes pierres sacralisées sur lesquelles les femmes ayant des difficultés à procréer frottaient leurs ventres ou se laissaient glisser.

Le fait que ces représentations aient été conservées pendant si longtemps peut être considéré comme une trace non négligeable de leur valeur à l'intérieur de la communauté locale. En outre, à quelques mètres du géant de Cerne Abbas, on voit encore distinctement un enclos sacré où, pendant des siècles, se sont déroulées les fêtes des calendes de Mai, rite printanier de fertilité des plus importants.

Les chevaux

Revenons au symbolisme de la culture celtique en allant sur d'autres collines de la même région : tant à Uffington (dans le Bershire) qu'à Bratton (aux environs de Westbury), il y a deux représentations énormes de chevaux. La première, d'au moins cent onze mètres de long, remonte sans doute à l'âge du fer (vers 100 av. J.-C.) ; elle est donc attribuée à la culture des Celtes, car on retrouve des représentations équines du même type sur les monnaies celtiques de l'époque. On a, en outre, retrouvé les traces d'un village celtique dans les environs.

D'après une légende locale, l'animal ainsi stylisé – dont l'identification avec un cheval suscite quelques perplexités – serait en fait la représentation d'un dragon (or le site est justement dit « Dragon Hill », la « colline du Dragon »). On raconte que c'est à cet endroit que saint Georges tua le monstre dont le sang se répandit sur une portion de terrain qu'il rendit stérile. Effectivement, près de cette colline, on voit un bout de terrain nu où rien ne semble vouloir pousser.

Traditionnellement, tous les sept ans, pendant la semaine de la Pentecôte, les habitants du village voisin retiraient les herbes et les broussailles autour du cheval d'Uffington, et aussitôt après on faisait la fête avec jeux et banquets. Cette tradition a pris fin dans la seconde moitié du XIXe siècle (on a gardé plus longtemps le lancer rituel des roues le long de la pente, en témoignage de la célébration très ancienne des solstices).

Au bord de la plaine de Salisbury, le cheval de Bratton a été entièrement reconstruit en 1778 sur un autre bien plus ancien dont la forme était très proche de celui d'Uffington, à en croire les rares sources parvenues jusqu'à nous. On dispose de peu d'informations sur ce cheval étrange qui pourrait avoir fait partie d'une représentation plus grande, désormais disparue.

Dans l'ensemble, ces grandes figures font partie d'un tout incontestablement riche en mystères, dont il faut rechercher les éléments dans un univers sacré à la valeur symbolique difficile à pénétrer totalement. Cette petite Nazca européenne, avec ses représentations qu'on ne comprend que de haut, conserve peut-être un message ancien qui continuera sans doute à être l'objet de théories et de superstitions, mais qui ne révélera jamais son secret.

Monde antique et symbolisme ésotérique

Vues par un homme d'aujourd'hui, de nombreuses traditions du passé rendent compte d'un ésotérisme prépondérant. On les perçoit ainsi car on ne sait pas exactement la vraie signification de religions anciennes dont la liturgie n'est parvenue jusqu'à nous que partiellement. Il convient toutefois de considérer un fait important : dans certaines religions anciennes, l'ésotérisme a joué un rôle évident et indiscutable. Considérons, par exemple, la culture égyptienne.

Les pyramides

La pyramide, ce monument funéraire aux proportions grandioses et réservé principalement aux pharaons, est indiscutablement l'un des exemples les plus significatifs du symbolisme ésotérique de l'Égypte ancienne.

La pyramide à degrés du roi Djoser à Saqquarah, l'une des plus anciennes tombes des pharaons

LES PYRAMIDES DE GIZEH

La pyramide de Khéops, à Gizeh, est particulièrement significative : avec son inclinaison parfaite (à 76 degrés), elle mesure 146 mètres de haut, sa base, de 230 mètres, est formée d'environ deux millions et demi de blocs de pierre. Depuis l'entrée, orientée au nord, comme celle de toutes les pyramides, on descend dans la crypte principale par un couloir d'où part une deuxième voie donnant dans une crypte réservée. De là commence une autre galerie en montée qui mène à la chambre du sarcophage. Galerie et chambre sont recouvertes de granit.
Non loin de la Grande Pyramide se dressent celle de Khephren, plus petite que celle de Khéops mais identique quant à la masse, et celle de Mykérinos, de 66 mètres de haut et de 108 mètres de côté.

Les pyramides de Khéops, de Khephren et de Mykérinos à Gizeh

Tout comme la tombe primitive, le mastaba, la pyramide est une construction typique à quatre faces orientées vers les points cardinaux, en pierre calcaire, parfois avec des éléments en granit. La première pyramide à degrés, un ouvrage d'Imhotep, un architecte génial divinisé par la suite, est apparue à Saqqarah pour le roi Djoser.

Les pyramides ont été l'objet de dizaines d'interprétations ésotériques modernes, avec des reconstructions hardies, très souvent totalement antihistoriques, qui ont fini par entourer d'un halo de mystère ces chefs-d'œuvre de l'architecture antique.

Pour essayer d'éclaircir un mythe assez répandu et compte tenu des études actuelles, il convient de préciser qu'il n'y a aucun rapport entre les pyramides égyptiennes et celles d'Amérique centrale. Les premières ont été réalisées depuis l'Ancien Empire jusqu'à la fin du Moyen Empire (2600-1789 av. J.-C.), alors que les secondes se situent entre le IIIe siècle av. J.-C. et 1300 de notre ère.

Souvent, la culture occidentale a une image de l'ancienne Égypte déformée par le mythe et l'interprétation littéraire. Les pyramides (dressées au cours d'une brève période de la longue histoire de l'Égypte), la malédiction

TOUTANKHAMON (V. 1354-1346)

Douzième roi de la XVIII⁰ dynastie égyptienne, il mourut très jeune après n'avoir régné que neuf ans. Toutefois, son nom est un des plus connus, sans doute du fait de l'intérêt extraordinaire suscité par la découverte de sa sépulture, la première à avoir été trouvée intacte par un groupe de chercheurs anglais (1922).
Tout le mobilier, très précieux et en excellent état, est exposé au musée du Caire où il attire de nombreux visiteurs.
D'après une lettre parvenue jusqu'à nous, la jeune veuve de Toutankhamon aurait songé à épouser en secondes noces un prince hittite, mais ce mariage ne fut pas célébré, car le prétendant fut assassiné au cours de son voyage vers l'Égypte. Les bruits selon lesquels Toutankhamon aurait jeté des sorts ou des influx maléfiques sont totalement injustifiés.

des pharaons et Toutankhamon ne représentent pas toute l'histoire des peuples du Nil, ponctuée d'ouvrages et d'entreprises qui ont laissé des traces difficiles à interpréter sous certains aspects, mais à ne pas écarter pour autant.

LES LIVRES DES MORTS

À l'intérieur de l'univers religieux complexe des Égyptiens, le culte des morts a joué un rôle indiscutable. Réservé à l'origine aux pharaons, considérés comme des divinités, ce culte s'est ensuite répandu dans les classes inférieures et a fini par concerner toutes les couches de la société.

Le *Livre des morts* est une source importante pour comprendre le rapport entre la mort et la sacralisation qui l'entourait. Ces textes funéraires, transcrits sur papyrus et déposés dans la tombe, permettent de mesurer avec une certaine précision la dimension ésotérique du peuple du Nil face au grand mystère de la mort.

Le titre *Livre des morts* est erroné, son vrai nom est *Livre pour venir à la lumière du jour*, inspiré des *Textes des pyramides* qui, amplifiés et remaniés, étaient placés à l'intérieur des sarcophages au début du Moyen Empire. En général, ce livre était mis dans un coffret prévu à cet effet, décoré d'une statue d'Osiris ; mais des parties de ce livre étaient placées dans la sépulture et entre les bandelettes de la momie. On en a retrouvé un très grand nombre, écrits en hiéroglyphes, démotique et hiératique. Il s'agit de recueils de formules magiques, illustrées par des dessins, dont la lecture aurait favorisé le voyage vers l'au-delà. Le texte était lu par un prêtre, selon un rite très précis visant à assurer au défunt la « liberté de mouvement » dans le monde des morts et à lui procurer « ce qui était utile » dans sa maison éternelle.

Contrairement à ce que l'on croit ordinairement, ces recueils de textes n'étaient pas une sorte de livre sacré des Égyptiens, comme la *Bible*, le *Coran* ou les *Veda*. Unique point en commun, l'inspiration divine indiscutable.

Introduit par un chapitre sur les formules à prononcer à l'occasion des funérailles, le *Livre pour venir à la lumière du jour* est une compilation de pratiques et d'indications constituant dans l'ensemble un témoignage important pour connaître l'univers mythique et religieux illimité des anciens Égyptiens.

Les labyrinthes

Réalisé depuis la nuit des temps pour des raisons qui continuent d'être mystérieuses, le labyrinthe fascine et trouble à la fois, car il représente l'une des réalisations humaines les plus énigmatiques. On en trouve plusieurs exemplaires en Europe ; sa diffusion, surtout dans certaines régions, rend plausible l'hypothèse selon laquelle il y avait déjà autrefois une sorte de « culture du labyrinthe » avec une fonction symbolique très précise. Pour nous, ces labyrinthes sont comme des aimants qui nous attirent en leur centre dans une sorte d'« étreinte » à laquelle il est difficile de se soustraire, tant est forte l'aura sacrée qui en émane.

Signification et origines

Depuis l'Antiquité, le labyrinthe est un outil important pour représenter certains thèmes fondamentaux : la naissance, la mort, le sein maternel, l'initiation, etc. Un symbole d'éternité, une métaphore de l'univers et de l'homme, considérés comme des entités en perpétuel devenir. Le labyrinthe

Labyrinthe préhistorique gravé sur des rochers découvert en Lombardie

symbolise en outre le voyage inexorable vers la mort et la renaissance à une nouvelle vie, avec un tracé allégorique que la psychanalyse a comparé au voyage de l'embryon désireux d'exister.

L'origine même du mot « labyrinthe » est un objet de discussions : pour certains, il renverrait au suffixe d'origine préhellénique *inthos* et à la désinence *inda*, ainsi, *laburinthos* et *labrinda* seraient en rapport avec les rites à la déesse mère, célébrés en sous-sol, le long de parcours naturels complexes.

En général, les labyrinthes se basent sur un motif unique (la spirale), tracé de la même façon dans les différentes parties du monde. Malgré cela, on estime actuellement que tous ces labyrinthes ont été dessinés indépendamment les uns des autres. Même si elle est suggestive, la théorie selon laquelle le motif du labyrinthe est exclusivement crétois et que sa reproduction sur les monnaies de l'île de Crète s'est répandue dans le monde entier, grâce à un commerce maritime intense, ne semblerait donc pas plausible.

Les labyrinthes dans l'Antiquité

Les plus anciens remontent au néolithique : gravés sur des rochers, ils représentent une figure à sept circonvolutions, ou spires, que l'on retrouve à l'identique sur les monnaies de Knossós conservées au British Museum, à Lon-

Représentation d'un labyrinthe de Knossós (monnaie)

Schéma du labyrinthe de pierres de l'île de Wier, Finlande

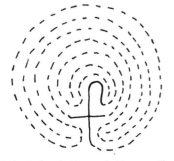

Labyrinthe de Tintagel, Cornouailles (gravé sur roche)

Reproduction du labyrinthe inscrit dans les dalles de la cathédrale de Chartres

dres, et réalisées du IVe siècle av. J.-C. jusqu'au Ier siècle de notre ère. Le labyrinthe le plus ancien que l'on puisse dater avec une certaine précision est celui de Pylos, dans le Péloponnèse, dessiné sur le fragment en céramique de Tell Rifa'at Sina (vers 1300 av. J.-C.). C'est une pièce qui provient des archives de Nestor – roi de Pylos qui participa au siège de Troie –, retrouvée parmi les ruines du palais brûlé en 1200 av. J.-C. après une invasion des « Peuples de la mer ».

Les premières pièces de monnaie avec ce dessin sont justement celles de Knossós, alors que le premier labyrinthe de l'art romain remonte à 100 av. J.-C., sur une mosaïque.

Parmi les graffitis préhistoriques de la Valcamonica, en Lombardie, on reconnaît aisément un labyrinthe fait au VIIIe siècle av. J.-C.

En revanche, en Europe du Nord, le plus ancien est celui de la Hollywood Stone, en Irlande (550 de notre ère). Dans le cadre du christianisme, le plus ancien se trouve dans la cathédrale de Chartres (1250 de notre ère).

Le labyrinthe le plus grand du monde

Le plus grand labyrinthe qui ait jamais été construit n'existe plus. C'est le pharaon Amenemhat III qui ordonna sa construction entre 1842 et 1797 av. J.-C., à côté de sa pyramide à Fayoum, en Haute Égypte. L'historien grec Hérodote mentionne cette information. Il le visita peut-être aux alentours de la moitié du Ve siècle av. J.-C., et note son caractère grandiose : d'un diamètre d'environ mille mètres, ce labyrinthe avait « douze cours ouvertes, avec des portes se faisant face, six au nord et six au sud, communiquant entre elles et entourées d'une paroi ». Ses mille trois cents chambres étaient réparties sur deux étages, un souterrain et un rez-de-chaussée. Quatre siècles plus tard, un autre historien grec, Strabon, décrivit ce labyrinthe en soulignant ceci : « un étranger ne pourrait trouver sa sortie sans un guide ». Enfin, au Ier siècle de notre ère, l'écrivain latin Pline l'Ancien le mentionna aussi.

Le labyrinthe de Crète

Le labyrinthe le plus célèbre est celui de Crète, un prototype du genre. Construit par Dédale, il est lié au mythe de Thésée, du Minotaure et du fil d'Ariane.

Nous ne savons pas s'il a réellement existé car il n'y a pas de vestiges pouvant le confirmer : même si Pline l'Ancien affirma que cet ensemble était semblable au modèle égyptien du pharaon Amenemhat III, sa première représentation vient – comme on l'a vu – des monnaies où il a une forme de spirale.

Pour ne citer que lui, le poète latin Ovide, dans les *Métamorphoses*, évoquera la disposition trompeuse de l'édifice que Dédale élabore.

Il convient d'observer que le plan du palais de Knossós, que l'on peut visiter aujourd'hui, est dit *labrys*, mot dérivé de la double hache, une figure qu'on retrouve dans de nombreux décors de l'art crétois et utilisée comme instrument rituel dans les cultes aux taureaux, dont elle représente les cornes. Si la signification la plus archaïque du mot « labyrinthe » est « maison avec la hache double », l'extension du terme devrait être recherchée ici : depuis la spirale, une figure plate, il indique maintenant un lieu intriqué à trois dimensions.

> ## Le mythe de Thésée
>
> Le roi de Crète, Minos, chargea l'architecte Dédale de construire à Knossós, sur l'île de Crète, un édifice au plan complexe : le labyrinthe. C'est là qu'il fit enfermer le Minotaure, mi-homme, mi-taureau, un monstre insatiable auquel les Athéniens devaient verser neuf fois par an le tribut de quatorze vies humaines : sept fillettes et sept garçonnets. L'Athénien Thésée proposa de tuer le Minotaure pour délivrer la ville. Dédale et Ariane – la fille de Minos – voulurent collaborer à cette entreprise. Amoureuse du jeune homme, Ariane lui donna une bobine de fil à dérouler tout au long de son chemin tortueux. Une fois le monstre tué, guidé par le fil, Thésée put sortir indemne du labyrinthe et rentrer victorieux à Athènes dont il devint le roi, alors qu'Ariane, qui s'était enfuie avec lui, fut abandonnée sur l'île de Naxos, où le dieu grec Dionysos la trouva et l'épousa.

Les labyrinthes de l'époque moderne et contemporaine

Si le labyrinthe de Knossós n'a jamais existé, on trouve en Europe plusieurs exemples de cette figure complexe, dans des espaces tant sacrés que profanes, outre le fait que, dans le vieux monde méditerranéen, le graphisme antique du labyrinthe se retrouve très fréquemment à la Renaissance, où l'on assiste à une sorte de « labyrinthomanie » impliquant architectes et exorcistes, philosophes et alchimistes. Entre le XVe et le XVIe siècle, on assiste au triomphe du « labyrinthe à haies », de merveilleux jardins aux parcours inextricables.

Pour ce qui est de la diffusion du labyrinthe en tant que parcours, on a d'une part des thèses plus proches de l'univers symbolique, voyant dans ces réalisations la tentative de reproduire une figure métaphysique, même dans l'espace naturel, et de l'autre une vision plus prosaïque, selon laquelle plusieurs labyrinthes à haies de la Renaissance furent réalisés afin de défendre jardins et terrains cultivés contre les incursions d'herbivores sauvages.

Cette dernière hypothèse réduit l'aura symbolique de la relation jardin-labyrinthe : la solution ne peut absolument pas être aussi simpliste car ce produit élaboré, fruit de la créativité de l'homme, porte en soi les germes de quelque chose de plus profond, d'où, d'ailleurs, sa diffusion. Pour trouver une confirmation à son succès considérable, rappelons qu'aujourd'hui on compte 279 labyrinthes en Suède, 13 en Norvège, 141 en Finlande, 3 en Islande, 20 en Italie et 45 en Russie.

Parmi les plus originaux, rappelons :
– celui à Lappa en Cornouailles, de 1804, représentant, à l'échelle 1/8, la première locomotive de Richard Trevithick ;
– celui de Vamlands, en Suède, d'après la théorie du naturaliste suédois Linné selon laquelle tout être vivant est issu d'un œuf ;
– celui de Bicton Park, dans le Devon (Angleterre), dessiné en 1986 et représentant une immense empreinte de pied. Sa structure a été réalisée à l'aide de palettes de bois ;
– celui de Leeds Castle dans le Kent, toujours en Angleterre : une sorte de château fait de haies avec pont et tour ; à travers une grotte décorée de coquillages, de haies et de cascades, la sortie donne à l'ensemble un aspect fascinant ;
– en Espagne, il y a le labyrinthe-jardin de l'Alameda de Osuna, à Madrid, réalisé au début du XIXe siècle, et celui de l'Alcazar, à Séville.

Parmi les cinq cents labyrinthes scandinaves, dont certains remontent à l'âge du bronze, rappelons celui, extraordinaire, de l'île de Gotland, parvenu jusqu'à nous en excellent état, ce qui prouve son importance pour les populations locales qui ont toujours soigné sa conservation.

Outre celui déjà cité de la cathédrale de Chartres, rappelons les labyrinthes qui font partie du patrimoine chrétien symbolique : ceux des cathédrales de Lucques, Sens, Poitiers, Bayeux, Amiens, San Vitale à Ravenne, et Santa Maria in Trastevere à Rome.

Face à tous ces témoignages, on se demande bien sûr si tout est parti effectivement de Crète ou si le lien étymologique a attiré l'attention vers ce petit point de la mer Égée, patrie d'une culture symbolique très ancienne qui s'est répandue en des temps et des lieux désormais très lointains.

La symbologie du labyrinthe

Le visage de la divinité de Babylone, Hubaba (2000 av. J.-C.), est marqué par sept sillons formant un véritable labyrinthe ; dans *L'Énéide*, Virgile laisse entendre qu'il y aurait l'entrée de l'Hadès, et dans le poème indien, *Ramayana*, le labyrinthe est en fait le château du démon Ravana : le mot qui l'indique, *cakra-vyuha*, est une expression en sanscrit qui signifie « disposition des troupes en labyrinthe, rendues impénétrables par les forces magiques ».

Dans le tantrisme, lié aux livres sacrés de l'hindouisme et du bouddhisme, le labyrinthe symbolise l'aspect mental de l'esprit ; pour les Égyptiens anciens, il s'agissait d'une représentation symbolique de l'univers, pour l'homme du Moyen Âge, c'est l'allégorie du pèlerinage à Jérusalem.

À la Renaissance, comme on l'a vu, c'est un plaisir de mettre un labyrinthe dans les jardins et les parcs ; à l'époque baroque, il arrive même sur les scènes de théâtre comme métaphore de l'existence humaine, de sa recherche d'un point de chute, d'un but.

D'après sa structure la plus typique, le labyrinthe offre l'idée d'un cercle, d'une recherche continue, en suivant les différents degrés d'un rite de passage. Entrer dans le labyrinthe (une construction complexe et articulée, souvent plutôt chaotique) et être en mesure d'en sortir constituent presque une épreuve initiatique, une expérience qui paraît mener symboliquement à la découverte de ses propres possibilités ; sous certains aspects, il s'agit d'une façon d'apprendre à regarder au-delà de l'apparence des choses. Revenons à l'entreprise mythique de Thésée, symbole de la recherche d'une vérité que le labyrinthe entend disperser et éloigner de la conscience de l'être. La forme du labyrinthe enveloppe quiconque y pénètre, change, paraît indiquer le chemin à suivre, mais, ensuite, comme une trappe, mène ailleurs, dans une impasse, se referme.

Le labyrinthe, présent dans toutes les cultures – du monde classique et de l'art mégalithique, dans l'architecture romane et gothique, chez les Indiens d'Amérique et les aborigènes –, est un symbole important tenu, par la psychanalyse jungienne, comme l'un des signes de base de notre inconscient. Il est en nous, signe fondamental auquel on se réfère souvent sans même s'en rendre compte. Mais quand on l'observe, gravé sur les roches par les hommes du néolithique ou dans l'équilibre majestueux de la cathédrale de Chartres, on découvre un archétype faisant partie de notre rapport avec le symbole. Rapport fondamental auquel on ne peut renoncer et qui, entre jeu et recherche de soi, mène au-delà de la forme et permet de se laisser aller au tourbillon de l'illusion où les représentations peuvent changer. Alors, la voie du tracé chaotique va vers une perspective qui nous conduit au-delà de l'apparence.

Le labyrinthe est donc avant tout un parcours sacral, tel un mandala – un dessin reproduisant symboliquement les formes du cosmos –, où chercher la voie en vue de la connaissance, de la croissance intérieure. Comme l'a souligné Jung, le labyrinthe est une expression de l'inconscient collectif, une sorte de configuration allant au-delà de l'apparence, pour aider l'homme à s'observer au sein de la métaphore du voyage.

D'après les indications archéologiques et anthropologiques, les chercheurs affirment tous que le labyrinthe est marqué par des éléments communs : c'est un lieu du sacré, et atteindre son centre détermine un changement pour celui qui entre dans ses méandres. Espace d'initiation, donc, de croissance, presque un itinéraire ésotérique, visant à un degré plus élevé que la connaissance. Avec le regard métaphysique qu'il propose, il constitue une trace pour entrer dans le sacré et son mystère.

Métaphore de la quête de l'équilibre et de la nouvelle acquisition de la force originelle, le labyrinthe est aujourd'hui un symbole des plus actuels, en cette époque inquiète où l'homme cherche un « centre », une référence. En dépit du temps et des distances, son importance est déterminée par le fait qu'il fait cohabiter le désir de synthèse et de mystère, la nécessité de laisser ouverte une porte vers l'obscurité, l'inconnu.

Ce message iconographique extraordinaire a été associé aux danses rituelles, aux pèlerinages, aux processions, à l'itinéraire difficile – plein d'impasses et de fausses pistes – déterminant l'acquisition du savoir.

À la base de la non-harmonie apparente se trouve un ordre ancien qui a abattu le chaos primitif et qui est aujourd'hui en mesure de le contrôler grâce au mythe, pour indiquer à l'homme comment éventuellement grandir.

Les scientifiques affirment aujourd'hui que tous les labyrinthes, même compliqués, peuvent se résoudre grâce à un algorithme ou à tout autre procédé mathématique permettant de repérer son parcours. Le calcul numéri-

Le symbolisme ésotérique

que devient donc le fil d'Ariane, la clé permettant de lire un mystère atavique qui abat l'aura mythique dont est entourée depuis toujours cette structure particulière. La science peut « réduire » le labyrinthe dans la définition suivante : figure géométrique définie extérieurement par une ligne courbe ou un contour à angles droits ; elle n'a de sens que si on la considère comme un plan architectural, et donc si on l'observe de haut.

Le christianisme non plus n'a pas su échapper au charme secret du labyrinthe, en le mettant d'abord parmi les codes médiévaux où méandres décoratifs de l'art barbare, bestiaires et herbiers formaient des figures surprenantes, puis en le traçant dans les églises, dans un rapport ambigu entre sacré et profane. En général, dans les labyrinthes dessinés sur le sol des églises européennes du XIIIe siècle à aujourd'hui, l'entrée est à l'ouest : le côté où le fidèle entre dans l'église et qui abrite les représentations du jugement dernier. Plusieurs auteurs ont essayé d'expliquer le rapport suggestif entre labyrinthe et christianisme, la plupart trouvant un lien avec le pèlerinage. À l'époque où beaucoup de gens parcouraient les sentiers de la foi, le labyrinthe trouva sa place dans les églises d'Europe, particulièrement en France, devenant ainsi une sorte de synthèse du voyage vers Dieu.

En dehors et à l'intérieur de l'église, avec son caractère en partie impénétrable, le labyrinthe est toujours un symbole plein de mystère, un signe ésotérique qui fascine et nous mène loin, à l'intérieur de nous-même, vers un lieu peut-être impossible à atteindre, peut-être inexistant.

Les druides

Personnages énigmatiques, les druides (le terme vient du gaélique *dwir*, le « chêne », ou du gaulois *druid*, (l'« homme qui sait »), prêtres des Celtes, relèvent désormais du mythe. Les auteurs romantiques sont les principaux responsables de ce détournement des faits, dans la mesure où ils ont souvent évoqué ces figures clés de la religion celte avec des expressions loin de la réalité historique.

Prêtres, sages et conseillers

Pour avoir une idée claire du rôle des druides, on peut faire référence à un témoin digne de confiance, Jules César qui, dans les *Commentaires de la guerre des Gaules*, évoque ces dépositaires de l'ésotérisme celte, placés au sommet de la hiérarchie des peuples qui habitaient

Un druide sur une illustration du XVIIIe siècle

MONDE ANTIQUE ET SYMBOLISME ÉSOTÉRIQUE

Réunion de druides sur une gravure du XVIIIe siècle

sur la « terre des Carnutes, au centre de la Gaule ». César nous apprend que les druides s'occupaient des cultes, procédaient aux sacrifices et à toutes les pratiques relatives à la religion ; ils instruisaient de nombreux jeunes. Leur sagesse était si grande qu'en général on les appelait même pour traiter des controverses publiques et privées. Ils n'utilisaient aucune forme d'écriture pour ce qui concernait la religion, mais ils se servaient de l'alphabet grec pour tout autre sujet.

Leur enseignement principal se fondait sur l'« immortalité de l'âme et sa migration, après la mort, d'un corps à l'autre ».

Les druides connaissaient à fond les « questions sur les astres et leurs mouvements » : de ce patrimoine, issu principalement de l'observation, ils tiraient la plupart de leurs connaissances scientifiques qui, amalgamées au langage du mythe, ont contribué à faire de ces prêtres des personnages mystérieux dont, aujourd'hui encore, on ne connaît que certains aspects. Déjà à l'époque des Romains, ils suscitaient beaucoup de curiosité, au point que César en souligne l'existence dans ses écrits.

Dans la tradition religieuse des druides, le bois était le lieu symbolique, avec une aura sacrée considérable. C'est là que se déroulaient les cérémonies, souvent face aux arbres les plus grands, témoins de cultes millénaires. Pour confirmer l'importance accordée au monde végétal, l'« alphabet » des druides aurait les arbres comme principaux référents : A, *ailin* (orme) ; B, *beith* (bouleau) ; C, *coll* (gui), et ainsi de suite. Laissons au poète latin Lucain le soin de nous décrire le rôle du bois sacré dans la religion celte, dont les aspects éminemment rituels sont sublimés par une symbolique qu'alimente la tradition légendaire.

Le bois sacré était principalement un lieu où le surnaturel prenait une physionomie propre, se manifestait aux hommes, exprimait sa puissance. Contrairement à l'ordre naturel des choses, la faune en était absente et seuls les éléments s'y déchaînent d'une façon plutôt spectaculaire (tremblements de terre, vent, foudre et éclairs) ou mythologique (présence de dragons, statues sculptées dans les troncs d'arbres...).

Tout cela était bien sûr alimenté par le rôle important attribué aux arbres, par les druides comme par les personnes les plus simples, conscientes de la valeur du monde végétal, avec lequel tous avaient appris à vivre en symbiose.

Ces bois sacrés, sur lesquels il ne reste que des sources écrites fragmentaires, ne sont pas parvenus jusqu'à nous comme d'autres découvertes archéologiques : les forêts les ont réabsorbés ou, pis encore, les envahisseurs les ont détruits. Ils ne continuent à vivre que dans les souvenirs et les ballades du Nord.

Les ovates

Les druides étaient assistés par les ovates, personnages importants dans la tradition ésotérique celte. On trouve quelques informations sur eux dans les écrits des historiens grecs Diodore de Sicile et Strabon, qui les mentionnent comme astrologues et devins, capables de prononcer des auspices en examinant des manifestations naturelles : vol des oiseaux et viscères des animaux sacrifiés. Ils exerçaient sans doute la médecine et jouissaient des mêmes privilèges que les druides. Les ovates ne participaient pas à la guerre et ne payaient aucun tribut, ils étaient exemptés de toute activité belliqueuse et n'étaient pas impliqués dans les pratiques concernant la collectivité.

Leur rôle était plus fonctionnel que celui des druides ; ils appliquaient les connaissances théologiques codifiées par les prêtres à la divination, à la prophétie, voire à la magie.

D'après Diodore de Sicile, certains ovates supervisaient aussi les sacrifices, fondamentaux pour les auspices et, donc, la définition du comportement à adopter, particulièrement en cas de guerre.

Ainsi, lorsqu'ils faisaient des présages pour des problèmes d'un intérêt considérable, ils suivaient un rite étrange, auquel on a du mal à croire. Après avoir consacré un homme, ils lui frappaient le diaphragme avec une épée de combat et, alors que la victime tombait, sous l'effet du coup, ils prédisaient l'avenir selon la façon dont elle était tombée, comment elle agitait les jambes, comment son sang s'écoulait. Il s'agissait d'une forme ancienne d'examen, pratiquée depuis longtemps et qu'ils considéraient digne de foi.

Cette forme de magie, où l'on retrouve les échos des traditions religieuses répandues dans différentes zones géographiques, même très éloignées des territoires celtes, s'est poursuivie pendant longtemps, comme le confirmait Cicéron qui constatait que la pratique de la divination connaissait une période de décadence même chez les tribus les moins civilisées, à l'exception des Gaulois. Parmi les dépositaires de cette science antique, on trouve un ami de Cicéron, Diviziaco, qui possédait cette connaissance des lois de la nature que les Grecs appelaient physiologie.

Les Mages de Zarathoustra

Le terme *magos* et ses dérivés (*magheia, maghikos, magheuein*) figurent en grec dès l'époque classique. On pense qu'ils sont d'origine persane : le *magos* était un prêtre ou, en tout cas, un personnage jouant un rôle dans les pratiques religieuses.

D'après l'historien grec Hérodote, les *magoi* étaient une sorte de société secrète persane dont la religion était amalgamée à l'art divinatoire. Un autre historien grec, Xénophon, les définit comme « experts en tout ce qui concerne les dieux ».

Le mot grec *magheia* et le latin *magia* indiquaient les pratiques rituelles de la Chaldée, souvent en opposition avec le culte impérial et dogmatique. En général, *magheia* (le don) renvoyait à la science des Mages persans, respectueux de la doctrine de Zarathoustra auquel le concept de magie est resté lié d'une façon indissoluble pendant toute l'Antiquité et le Moyen Âge.

D'après une interprétation bien connue, le nom vient des Mages (*magoi*), une des six tribus du peuple des Mèdes dont les membres, qui appartenaient peut-être au clergé, se sont opposés à la réforme de la religion ancienne du pays engagée par Zarathoustra.

Il n'est pas facile d'identifier la patrie des Mages ; on évoque en général l'Arabie et Babylone, mais les auteurs du passé (Clément d'Alexandrie, Origène, Diodore de Tarse, Jean Chrysostome) pensaient qu'ils venaient de Perse. Dans les milieux à culture persane, l'attente de la naissance d'un « sauveur » (*saushyant*), conçu par une vierge dans un lac où, croyait-on, la

Un des Mages suit l'étoile, fresque espagnole du XIIe siècle

> ## ZARATHOUSTRA ET L'AVESTA
>
> Zarathoustra, dont le nom signifie « celui des vieux chameaux », est considéré comme le réformateur du polythéisme persan et le fondateur du zoroastrisme, contenu dans l'*Avesta*. C'était un prêtre de foi aryenne, qui vécut à l'est de la Perse du VIIIe-VIIe siècle av. J.-C. (selon certains, de 628 à 551) ; en renonçant à l'orthodoxie, il se déclara prophète d'Ahura Mazda.
>
> Le zoroastrisme, ou mazdéisme, est la religion révélée la plus ancienne. Elle tend à souligner le principe du dualisme dû à l'éternel conflit entre Ahura Mazda et Ahriman.
>
> La tradition indo-persane pense que Zarathoustra est né en Azerbaïdjan (Perse) et met sa naissance en rapport avec plusieurs phénomènes surnaturels où domine toujours le thème de la lutte entre le bien et le mal. Zarathoustra n'a donc pas fondé la magie, déjà existante, mais le mazdéisme.
>
> L'origine du nom *Avesta* vient du persan *Apastak*, à savoir « texte fondamental ». Il s'agit de l'ensemble des textes sacrés du zoroastrisme, parvenus jusqu'à nous uniquement sous une forme incomplète et tardive, en iranien ancien. C'est l'un des monuments les plus solennels de l'Antiquité orientale. La parole du dieu créateur Ahura Mazda, transmise à Zarathoustra, a été codifiée dans ce livre qui comprend quatre parties :
> – *Vendidat* (règles contre les démons) ;
> – *Vishpered* (principes spirituels et matériels) ;
> – *Yascha* (prière rituelle) ;
> – *Yasth* (chants et hymnes de louanges).

semence de Zarathoustra (*kayanseh*) était conservée, étayait ces thèses. Les sources apocryphes indiquent déjà clairement les rapports entre les Mages et Zarathoustra. « Il se trouve que lorsque Jésus naquit à Bethléem, en Judée, à l'époque du roi Hérode, des Mages vinrent d'Orient à Jérusalem, comme l'avait prédit Zarathoustra, en apportant des cadeaux : l'or, l'encens et la myrrhe. » Ce témoignage de l'*Évangile arabo-syriaque* (VII, 1) est une déclaration fondamentale destinée à révéler que, au Ve-VIe siècle déjà, le rapport entre les Mages et le zoroastrisme était une des prérogatives dominantes du voyage des trois rois à Jérusalem.

Si Matthieu confirme que les Mages étaient en mesure de lire les signes des étoiles et de faire la corrélation entre phénomènes célestes et terrestres et, donc qu'on les considérait comme des spécialistes en astronomie et en astrologie, peut-on croire à l'hypothèse selon laquelle les trois rois étaient en relation directe avec le zoroastrisme iranien ? Il reste le fait que, parmi les thèmes persans de l'*Évangile*, les Mages confirment l'ascendant exercé par la théologie iranienne sur la conscience hébraïque à l'époque de Jésus.

Même si les spécialistes ont élaboré de nombreuses théories concernant le rapport entre la religion iranienne et les pratiques astrologiques dans la divination des Mages, il convient d'observer que dans la tradition des *magusei* se fondent différentes traditions culturelles, philosophiques et religieuses. Les tradi-

Les Mages sur un vitrail de la Cathédrale de Saint Denis, XIIe siècle

tions anciennes de l'*Avesta* côtoient l'intention plus récente de christianiser les trois personnages venus d'Orient, comme l'a démontré Matthieu qui, dans ce sens, a été le premier initiateur et le plus digne de foi.

Dans de nombreux textes faisant référence au christianisme et à d'autres doctrines (tels que le *Liber Scholiorum*, du VIIIe siècle, et le *Livre de l'Abeille*, du VIIIe-IXe siècle), Zarathoustra fait partie du Nouveau Testament. Le principe iranien de l'attente du Sauveur, issu de Zarathoustra, destiné à combattre le mal pour ramener ensuite l'humanité à sa pureté primitive grâce à la Nativité, a certainement trouvé une voie privilégiée pour se frayer un chemin dans le christianisme, ne serait-ce que par l'évocation de la tradition prophétique (d'où l'assimilation au devin Balaam ou aux prophètes Abacuc, Ézéchiel, Jérémie). Effectivement, l'interprétation biblique associait les Mages à Balaam, et dans la vision de l'astre les héritiers de son enseignement ont pu apercevoir la concrétisation de la prophétie biblique (*Nombres*, XXV, 15-17). Par ailleurs, la tradition orientale identifie Balaam à Zarathoustra, dit parfois le « Balaam en second ».

Dans l'iconographie rupestre de la Cappadoce (Turquie), les Mages sont représentés avec le rouleau des prophéties de Balaam entre les mains ; Zarathoustra a également été identifié aux prophètes Baruch et Jérémie. Après le sac de Jérusalem, le premier se serait réfugié chez des païens où il aurait appris douze langues et écrit l'*Avesta*. Il serait ensuite devenu le disciple et le secrétaire de Jérémie. En mourant, ce dernier aurait prédit l'avènement du Messie. Selon d'autres commentateurs, les auteurs chrétiens furent induits à identifier Zarathoustra avec plusieurs personnages de la *Bible*, car ils devaient expliquer comment les Rois mages reconnurent dans l'étoile le signe de la naissance de Jésus.

Zarathoustra, prophète de la naissance de Jésus ?

Dans le *Livre de l'Abeille*, de Salomon de Bassora, on trouve une description intéressante du rapport entre Zarathoustra, les Mages et la naissance du Fils de Dieu. En voici une présentation :

 Prophétie du prophète Zarathoustra sur le Messie
Quand Zarathoustra était assis à la source de Glosa de Horin, où il y avait un bain des anciens rois, il se mit à parler à ses disciples Gustasp, Sasan et Mahman :
« Mes chers fils que j'ai nourris de ma doctrine, je veux vous parler ; écoutez, j'entends vous révéler un secret extraordinaire sur le grand roi qui va venir plus tard dans le monde. Car il sera conçu à la fin du temps et dans la destruction finale, bien qu'aucun homme ne s'approche de lui. Il ressemblera à un bel arbre aux belles branches, chargées de fruits, dans un lieu aride dont les habitants empêcheront sa croissance et s'efforceront de l'arracher, mais en vain. Par la suite, ils le prendront et le tueront sur le bois, la terre et le ciel seront en deuil du fait de ce massacre et les familles des peuples le pleureront. Il commencera par descendre au plus profond de la terre et de ces profondeurs il sera remonté. On le verra ensuite avec l'armée de lumière, porté sur des blancs nuages ; car c'est un enfant, mis au monde au moyen de la parole qui fait naître toutes les natures. »
Gustasp répondit à Zarathoustra : « Celui dont tu as dit tout cela, d'où tient-il sa force ? Est-il plus grand que toi ou es-tu plus grand que lui ? »
Et Zarathoustra lui dit : « Il naîtra de ma famille et de ma race. Moi je suis lui, lui est moi. Il est en moi, moi en lui. Quand le principe de ma venue apparaîtra, on verra de grands signes dans le ciel et une étoile lumineuse en plein firmament dont la lumière vaincra celle du soleil. Et maintenant, mes chers fils, vous êtes la semence vivante, issue du trésor de la lumière et de l'esprit, semée dans la région de la lumière et de l'eau ; à vous de garder et de conserver les choses que je vous ai dites ; attendez le terme fixé, car vous serez les premiers à remarquer l'arrivée du grand roi, tant attendue par les prisonniers pour être libérés.
« Et maintenant, mes chers enfants, gardez le secret que je viens de vous révéler ; qu'il reste inscrit dans vos cœurs et conservé parmi les trésors de vos âmes. Et quand l'étoile dont je vous ai parlé apparaîtra, qu'on vous envoie des messagers, porteurs de dons. Ces derniers doivent l'adorer et les lui offrir. Surtout ne le méprisez pas pour qu'il ne vous détruise pas de son épée : c'est le roi des rois et tous reçoivent leurs couronnes de lui. Lui et moi ne formons qu'une seule et même personne. »
Ces choses furent dites par Balaam second que Dieu a contraint d'interpréter ces choses ou comme quelqu'un venu du peuple, persuadé de ces prophéties auxquelles le Messie a fait allusion ; et qu'il manifesta clairement auparavant.

Ce texte nous donne quelques indices :
– les noms des disciples – en particulier le premier – sont liés à ceux des Mages, d'après les différentes sources ;
– le lien « familier » entre Zarathoustra et Jésus souligne le rapport étroit entre le prophète de l'Avesta et le christianisme, d'après la vision exégétique faisant des Mages le pivot entre les deux religions ;
– l'étoile est l'« indicateur » de l'événement prodigieux ;
– Zarathoustra est considéré comme « Balaam second ».

L'ÉSOTÉRISME HÉBRAÏQUE

Les traditions apocalyptiques

Parmi les nombreux aspects ésotériques de la religion hébraïque, l'un des plus significatifs est celui des traditions apocalyptiques, un ensemble de prophéties et de visions – attribuées aux prophètes, à mi-chemin entre histoire et mythe – qui constitue un patrimoine culturel et théologique d'un très grand intérêt.

Le corps principal de l'apocalypse judaïque auquel les spécialistes se réfèrent se compose :
– du *Livre d'Énoch* (ou *Énoch l'Éthiopien*) ;
– de l'*Apocalypse syriaque de Baruch* ;
– du *Livre IV d'Ezra*.

Il s'agit d'œuvres, avec un sens eschatologique très marqué, qui ont constitué le substrat culturel de la tradition apocalyptique qui s'est affirmée ensuite.

L'ESCHATOLOGIE

Terme dérivé du grec *eschatos*, « ultime », « extrême », l'eschatologie est le « répertoire » où l'on a rassemblé et développé les théories multiples concernant la fin du monde. Le prophétisme et l'apocalyptique ont une structure de base dans la perspective eschatologique, devenue petit à petit un vrai genre littéraire. Le contraste dialectique entre prophétie et apocalyptique reflète les problématiques socioculturelles du milieu sémite, où le genre apocalyptique a connu un grand développement.

On a donné au concept d'apocalypse (du grec *apocalypsis*, révélation) un rôle doublement important : moment de destruction du mal et de ses adeptes, mais aussi avènement du règne annoncé, retour du divin parmi les hommes, et par conséquent intention messianique évidente. Un tel caractère alimente l'attente du sauveur du peuple élu de l'oppression et de la domination étrangères, il pronostique les signes précurseurs de son arrivée, calcule les temps, décrit à l'avance les circonstances et les événements concomitants.

Même si les traditions changent en fonction des différentes cultures religieuses, la structure de base de la littérature apocalyptique annonçant la « fin du monde » garde une certaine autonomie « poétique » dans un certain sens. Dans l'apocalypse de la tradition sémite, l'auteur déclare rapporter une vision et s'exprime par des symboles (en particulier numériques, mais aussi empruntés au monde animal et à l'astronomie).

Le répertoire symbolique est très vaste et il ne faut pas le séparer de la culture du moment où il fut adopté et interprété. C'est pourquoi, dans la majorité des cas, les textes apocalyptiques qui l'utilisent ne doivent pas être considérés comme une description précise d'événements destinés à avoir lieu en un temps établi à l'avance, mais comme une suggestion, une occasion visant à évaluer l'état du monde.

En conséquence, il convient de lire un texte apocalyptique évoquant la fin du monde sans idées préconçues, en tenant compte de son rôle théologique.

À la lumière des études les plus autorisées, le terme « apocalypse » ne peut être employé pour indiquer simultanément le phénomène littéraire et une perspective théologique, car ce produit très particulier de la culture judaïque a une structure problématique et complexe. Aujourd'hui, les spécialistes sont assez d'accord pour dire que le mot se réfère à un genre littéraire précis, où « apocalyptique » désigne un phénomène sociologique ayant produit des documents littéraires dits justement « apocalypses ».

Il convient toutefois d'observer qu'en français le terme « apocalypticisme » n'existe pas et que l'attention portée à la nomenclature n'est pas aussi précise que dans les pays anglo-saxons. En général, on utilise le mot « apocalyptique » pour indiquer le phénomène dans sa totalité. Son contexte d'utilisation permet de comprendre si la référence est historique, littéraire ou en rapport avec un type d'eschatologie. Toutefois, les éléments caractérisant le genre apocalyptique sont assez récurrents et faciles à repérer, au-delà de la définition du produit eschatologique spécifique. En général, les apocalyptiques :

– étaient plutôt vindicatifs et invoquaient la divinité pour détruire les ennemis (caractère bien marqué du judaïsme) ;
– disaient être les dépositaires de la vérité révélée par le divin ;
– critiquaient le monde ici-bas, le considérant marqué irrémédiablement par le péché ;
– attendaient un futur désormais imminent ;
– faisaient preuve d'une grande préoccupation pour ceux que l'injustice opprimait ;
– soulignaient un dualisme profond (bien/mal ; avant/après ; début/fin).

Outre le fait de nous permettre de saisir clairement les caractéristiques d'une tradition littéraire problématique mais fondamentale, ce bref récapitulatif met bien en lumière un aspect de toute première importance : le genre apocalyptique ne s'est pas éteint avec Énoch, Baruch, Ezra et saint Jean. Les éléments typiques de la tradition eschatologique – amplement diffusée par les apocalypses – font désormais partie d'une mythologie, même moderne, qui attend des temps meilleurs où les justes auront le dessus. Mais d'autres courants se sont développés, dominés par un pessimisme profond et s'appuyant sur un syncrétisme eschatologique souvent influencé par la mythologie. Une fin qui ne sera donc pas le prélude à la parousie, un retour à l'âge d'or, mais destruction totale, extermination d'une humanité désormais perdue sur les sentiers du mal et de l'injustice.

De l'Antiquité à nos jours, un essaim sans fin de prophètes a absorbé, adapté, bouleversé l'essence primitive du fait apocalyptique, en créant monstres et présages pour indiquer une fin toujours imminente, toujours plus proche…

Les messages d'Énoch

Les textes de l'apocalyptique judaïque sont nombreux. Nous n'aborderons de façon superficielle que le Livre d'Énoch. Avec sa structure particulière, il comprend :
– le *Livre des Vigilants* (environ 200 av. J.-C.) ;
– le *Livre de l'Astronomie* (environ 200 av. J.-C.) ;
– le *Livre des Rêves* (IIe siècle av. J.-C.) ;
– l'*Épître d'Énoch* (Ier siècle av. J.-C.)
– le *Livre des Paraboles* (Ier siècle av. J.-C.), qui remplace le plus ancien *Livre des Géants*.

Rappelons par ailleurs qu'on considère l'*Apocalypse de Baruch* et le IVe *Livre d'Ezra* comme des œuvres du Ier siècle apr. J.-C.

Dans la mesure où il n'est pas possible de présenter tout le contenu de ces livres, on se limitera à quelques observations. On fait référence, en particulier, à un thème de la *Genèse*, plaçant à l'origine des êtres immondes et méchants un péché grave commis par des anges qu'Énoch appelle les « Vigilants » :

[…] ils prirent pour eux des épouses et chacun en choisit une et ils commencèrent à se rendre chez elles. Ils s'unirent avec elles et leur enseignèrent des enchantements et des magies, et ils leur montrèrent comment couper les plantes et les racines. Elles se retrouvèrent enceintes et engendrèrent des géants dont chacun mesurait trois mille « cubites » [Le cubite hébraïque était une mesure subdivisée en 24 doigts et qui était l'équivalent de 0,525 centimètre.] Ces derniers dévorèrent tout le fruit de la fatigue des hommes jusqu'à ce que les hommes ne puissent plus les supporter. Alors les géants se révoltèrent contre eux et les mangèrent. Et il se mirent à pécher contre les oiseaux, les animaux, les reptiles, les poissons et à en manger la chair, entre eux, et à en boire le sang. Alors la terre accusa les iniques.

(*Livre d'Énoch*, VII, 1-2)

Certains points sont intéressants à noter : les mauvais anges enseignèrent aux hommes comment « couper les plantes et les racines », geste placé sur le même plan que la « magie et les enchantements » ; le contrôle de la nature est donc un acte mauvais, contre la volonté divine. Les géants prirent la nature d'assaut et mangèrent les fruits de la terre et les animaux, ils essayèrent ensuite de dévorer aussi les hommes : « alors la terre accusa les iniques ».

Les géants

Selon certaines mythologies orientales, les géants seraient issus de l'accouplement entre l'homme et la montagne : dans la mythologie hittite, Kumarbi s'unit à un mont et accouche d'un monstre en pierre, Ullikummi, qui ne cesse de grandir et finit par atteindre le ciel. Le dieu Ea le tue en le coupant en morceaux avec un couteau magique. Dans les traditions classiques, les géants sont le fruit de l'union de Gé, la Terre mère, issue du Chaos, avec Uranus.

Dans l'*Épopée de Gilgamesh*, l'œuvre poétique la plus sublime du Proche-Orient ancien, on se heurte au redoutable Humbaba qui, comme Polyphème, n'avait qu'un seul œil, mais il était aussi en mesure de transformer en pierre quiconque aurait le courage de le regarder. Avec l'aide de divinités bénéfiques, Gilgamesh aveugla le monstre et lui coupa la tête.

Il existe presque toujours un rapport sanglant entre géants et êtres humains : de Gilgamesh et Humbaba à David et Goliath, en passant par le combat d'Hercule et de Cacus : un rapport visant à déboucher sur la victoire de l'homme capable de suppléer à ses limites physiques grâce à son intelligence.

Du point de vue du symbolisme ésotérique, il faut considérer que le haut est une catégorie inaccessible à l'homme en tant que telle et qu'elle appartient donc de droit aux êtres surhumains Ce qui explique aussi le processus religieux de la « géantisation » des divinités. Par ailleurs, l'être humain tend à faire coïncider élévation et puissance.

En somme, au-delà de la reconstruction imaginaire qui reprend le motif mythique du géant, le récit entend symboliser la dégénérescence de l'homme, désormais totalement dominé par le matérialisme destiné à aveugler la raison.

 Les Nephilim étaient sur la terre en ces jours-là (et aussi dans la suite) quand les fils de Dieu s'unissaient aux filles des hommes et qu'elles leur donnaient des enfants ; ce sont les héros du temps jadis, ces hommes fameux.

(*Genèse*, VI, 4)

Le témoignage de la *Genèse* reprend ce qu'Énoch a souligné, tout en proposant une évolution généalogique : les fils des géants – nés à leur tour des Vigilants – engendreront les « héros de l'Antiquité, des hommes célèbres ».

Guidés par Azazel, le chef des démons, les Vigilants ont enseigné aux hommes la magie et la fornication, en apportant le mal sur la Terre, jusqu'à ce que les archanges Michel, Gabriel, Suriel et Uriel invoquent le Seigneur en Lui demandant la fin de tous ces péchés. Le Très-Haut envoya alors Son châtiment : « un déluge s'abattra sur toute la Terre et ce qui est sur elle périra » (*Livre d'Énoch*, X, 2).

La fin du diable est ensuite officialisée par la tâche confiée à Raphaël :

[…] attache les pieds et les poings d'Azazel et mets-le dans les ténèbres, ouvre tout grand le désert de Dudael et mets-le là. Pose au-dessus de lui des pierres rondes et aiguisées et recouvre-le de ténèbres ! Qu'il reste ainsi pour l'éternité. Couvre son visage afin qu'il ne voie pas la lumière ! Et le jour du jugement dernier, qu'on l'expédie dans les flammes.

(*Livre d'Énoch*, X, 4-6)

Le thème du combat eschatologique est réaffirmé, et les vaincus sont ceux qui ont souscrit une sorte de pacte avec le mal :

Alors le Seigneur dit à Gabriel : lutte contre les bâtards et les réprouvés et contre les enfants des catins ! Détruis parmi les hommes les fils de catins et ceux des anges vigilants.

(*Livre d'Énoch*, X, 9)

Faisons un rapide retour en arrière et considérons plus attentivement les grands péchés dus aux Vigilants :

Azazel enseigna aux hommes à faire les épées, le couteau, le bouclier, la cuirasse pour la poitrine et il leur montra [ce qui se produirait] après eux et après leur manière d'agir ; il leur enseigna à faire des bracelets, des ornements, à teindre et à embellir les cils, les pierres, et surtout les pierres précieuses et de choix, toutes les teintures, et il leur montra aussi le changement du monde. Alors il y eut une grande scélératesse et beaucoup de fornication. Ils tombèrent dans l'erreur et tout leur mode de vie en fut corrompu. Amézarak instruisit tous ceux qui disaient les incantations et les coupeurs de racines. Armaros enseigna la solution des enchantements. Baraqal forma les astrologues. Kobabel enseigna les signes des astres, Témel l'astrologie et Asradel le cours de la lune.

(*Livre d'Énoch*, VII, 1-4)

Une observation, même sommaire, permet de relever que les péchés les plus démoniaques sont l'attention apportée aux embellissements du corps, la magie et la divination. On comprend donc pourquoi le *Livre des Vigilants* est au cœur même du débat sur l'origine du mal, parvenu chez les hommes par l'intermédiaire des anges déchus, qui ont révélé aux mortels les secrets du ciel. Toute l'aventure est rendue sur un ton emphatique qui réapparaît aussi dans la structure de base de la *Genèse*, allégée cependant par l'élément mythique.

Les géants nés des femmes sont dit esprits mauvais et leur mythe vise à expliquer ce que sont les démons. L'existence même du démoniaque est présupposée ; elle est expliquée et inscrite dans la tradition biblique. Chez Énoch, la mise en accusation par Dieu des anges déchus est très nette :

Mais vous, vous étiez avant des êtres spirituels vivant la vie éternelle qui ne meurt jamais, c'est pourquoi je n'avais pas fait les femmes pour vous : car en vérité, les êtres spirituels ont leur place au ciel. Or, maintenant, les géants, nés du corps et de la chair, sont appelés sur Terre des esprits mauvais et leur place est sur la Terre ; de leur chair sont sortis des esprits mauvais. Ils avaient été créés par le Haut, leur principe et leur

> fondement premier était d'être de Saints Anges vigilants, alors que maintenant ils sont devenus, sur Terre, un esprit méchant, et on les appelle l'esprit des mauvais. Dans le ciel, les esprits célestes ont leur place ; les terrestres, nés sur la terre, ont leur place sur la Terre. Et les esprits des géants, des Nafils oppresseurs sont corrompus, ils tombent, ils sont corrompus, ils tombent, ils sont violents, ils fracassent tout sur Terre, ils engendrent la douleur, ils n'ont ni faim ni soif et ils ne se font pas connaître, ces âmes ne se dressent pas contre les fils des hommes et contre les femmes car elles ont quitté à temps les tueries et la corruption.
>
> (*Livre d'Énoch*, XV, 6, 20)

Il est intéressant de relever qu'au chapitre XVII du *Livre d'Énoch* on décrit une grande fente sans firmament :

> [...] lieu de la fin du ciel et de la terre. C'est la prison des étoiles du ciel et de l'armée céleste. Les étoiles qui se roulent dans le feu sont celles qui ont transgressé l'ordre du Seigneur dès leur première apparition.
>
> (*Livre d'Énoch*, XVII, 14-15)

Les femmes qui prennent plusieurs aspects « ont rendu les hommes impurs et les ont induits en erreur, au point que des derniers offrent des sacrifices aux démons ou aux dieux ».

Bien que déjà condamnés, les diables peuvent encore agir librement parmi les hommes, jusqu'au jugement dernier, quand le combat eschatologique mettra un terme à leur pouvoir dévastateur.

Jonas : dans le ventre de la connaissance

Le *Livre de Jonas* (selon les prophètes, le cinquième sur les douze, dans le Canon hébraïque, et parmi les soixante-dix prophètes mineurs dans la traduction grecque) est un texte qui, en dépit de sa brièveté (quatre petits chapitres) a posé de nombreux problèmes aux exégètes de l'Ancien Testament. Il nous semble cependant qu'il s'agit d'un exemple très utile de langage ésotérique, rythmé par un récit structuré et plein de symboles.

Laissant de côté la problématique théologique complexe du livre, essayons d'analyser le rapport entre le prophète et la mer, et surtout avec le poisson, en tenant compte également du psaume récité par Jonas.

Ce dernier définit le « cœur de la mer » comme un « abîme », lieu de ténèbres et de perdition – un concept influencé par la religion égyptienne (l'abîme = l'outre-tombe qui devient ici l'espace des eaux, un lieu illimité, où les points de référence anthropocentriques de la « terre » sont perdus à jamais et où l'homme se sent abandonné aux « flots » d'un temps nouveau dans lequel il ne pourra que succomber et prendre conscience de sa fragilité.

Ces eaux sont presque la métaphore du monde obscur du péché : un concept qu'on déduit aisément des paroles de Jonas : « Les eaux m'avaient

Le contenu du livre

Dieu appelle Jonas pour qu'il accomplisse une mission auprès des habitants de Ninive : les inciter à se convertir car ils ont péché. Mais le prophète n'accomplit pas sa tâche et s'embarque à Jaffa, en direction de Tarsis. Pendant le voyage, Dieu déclenche une tempête mettant en péril le navire et les marins. Les hommes jettent à la mer tout poids inutile et s'adressent ensuite à Dieu pour implorer leur salut. Grâce à un tirage au sort rituel, ils découvrent que cette tempête est due à la colère de Dieu contre Jonas qui reconnaît avoir péché et propose de réparer les dommages causés aux autres en se faisant jeter dans les flots tumultueux. Il est avalé par un gros poisson qui le retient ainsi pendant trois jours, au cours desquels Jonas avoue sa faute à Dieu et implore Son pardon.

  De la détresse où j'étais, j'ai crié vers Yavhé,
et il m'a répondu ;
du sein de Shéol, j'ai appelé,
tu as entendu ma voix.
Tu m'avais jeté dans les profondeurs, au cœur de la mer,
et le flot m'environnait.
Toutes tes vagues et tes lames
ont passé sur moi.
Et moi je disais : Je suis rejeté
de devant tes yeux.
Pourtant je continuerai à contempler
ton saint Temple !
Les eaux m'avaient environné jusqu'à la gorge,
l'abîme me cernait.
L'algue était enroulée autour de ma tête.
À la racine des montagnes j'étais descendu,
en un pays dont les verrous étaient tirés sur moi pour toujours.
Mais de la fosse tu as fait remonter ma vie,
Yahvé, mon Dieu.
Tandis qu'en moi mon âme défaillait,
Je me suis souvenu de Yahvé,
et ma prière est allée jusqu'à toi
en ton saint Temple.
Ceux qui servent des vanités trompeuses,
c'est leur grâce qu'ils abandonnent.
Moi aux accents de la louange,
je t'offrirai des sacrifices
Le vœu que j'ai fait, je l'accomplirai.
De Yahvé vient le salut.

(II, 3-10)

> Le poisson crache Jonas sur une plage proche de Ninive et Dieu ordonne pour la seconde fois à Son prophète d'accomplir sa mission auprès des habitants et, cette fois-ci, il est entendu.
> Une fois connue la prophétie, les habitants de Ninive reconnaissent leurs fautes et implorent la miséricorde de Dieu en se repentant de leurs péchés. Frappé par leur contrition, le Seigneur n'exécute pas la punition annoncée.
> Pour Jonas, la clémence divine est injuste ; il se retire dans une cabane. Non loin de là, Dieu fait pousser par miracle un arbre immense permettant à l'homme de s'abriter du soleil. Mais, au bout d'un jour, Dieu assèche l'arbre et laisse le prophète en proie à la chaleur. Jonas se lamente, jure et va jusqu'à invoquer la mort. Alors le Seigneur lui répond :
>
>> Toi, tu as de la peine pour ce ricin, qui ne t'a coûté aucun travail et que tu n'as pas fait grandir, qui a poussé en une nuit et en une nuit a péri. Et moi, je ne serais pas en peine pour Ninive, la grande ville, où il y a plus de cent vingt mille êtres qui ne distinguent pas leur droite de leur gauche, ainsi qu'une foule d'animaux !
>
> (IV, 10-11)
>
> Ce texte est un témoignage important car il souligne combien l'homme est fragile quand il croit avoir Dieu de son côté : son arrogance s'accentue et il devient aveugle et sourd aux instances de ses semblables.

environné jusqu'à la gorge, l'abîme me cernait. » La prière et le contact avec Dieu permettent au pécheur de remonter du fond de la fosse et de revenir à la vie, à savoir la terre, par allégorie. Ce contact se passe dans le ventre du poisson, une zone franche, quasi aérienne et sacrée, fermée aux assauts des eaux tempétueuses de la mer, qui conduit à la peine extrême que mérite celui qui ne se repent pas.

Certains interprètes ont avancé l'hypothèse selon laquelle l'aventure de Jonas était un fait historique. C'est un sujet de débats et de discussions entre les théologiens : les références contenues dans le *Livre de Tobie* (XIV, 4) et dans les *Antiquités judaïques* de Flavius Josèphe (IX, 4) ne paraissent pas satisfaire la critique moderne qui voit dans le *Livre de Jonas* une reconstruction fondée sur la métaphore et l'allégorie, et situe ce texte dans la tradition littéraire prophétique.

Ceux qui soutiennent le caractère historique du livre avancent souvent des références zoologiques : ils essaient de voir dans le grand poisson non pas une créature fantastique, mais un cétacé dans le ventre duquel le prophète a pu survivre. D'une manière plus raisonnable, on peut voir dans ce voyage à l'intérieur du poisson une métaphore du processus d'individuation permettant à l'homme de fixer son rôle effectif, en laissant de côté toute prétention apriorique. Le temps vécu à l'intérieur de l'animal peut être aussi interprété comme un voyage initiatique qui porte à la croissance et détermine un passage.

Dans la tradition rabbinique et talmudique, on repère le thème initiatique entre les lignes de ce livre singulier ; en conséquence, l'expérience vécue par Jonas prend toutes les tonalités de l'itinéraire de la connaissance. Toujours d'après cette version, la tempête qui bouleverse le navire est l'une des trois qui ont marqué l'histoire du monde ; or le poisson a été créé au début du monde. Doté de cette gueule si grande que Jonas y passe comme à travers le portail d'une synagogue, il a des yeux comme des fenêtres et en lui de grandes lanternes suspendues. Pendant les jours où le prophète est resté dans son ventre, le poisson l'avertit qu'il sera bientôt dévoré à son tour par le Léviathan. Jonas incite le poisson à s'approcher du monstre redouté et le fait fuir en lui montrant le « sceau d'Abraham ». Frappé par l'amitié que lui démontre Jonas, le grand animal marin lui fait voir les merveilles de l'océan, la voie empruntée par les Hébreux pour franchir la mer Rouge et les colonnes sur lesquelles repose l'univers.

Jonas n'ayant pas récité ses prières lors de son séjour dans le ventre du poisson, il est dévoré par un autre et craché ensuite sur une plage au bout d'un certain temps.

Ces quelques éléments permettent déjà de voir clairement combien est fort le processus de la connaissance, déterminé par l'expérience de ce voyage singulier :

Mer = lieu « autre » où a lieu l'initiation.
Poissons = phases de l'itinéraire initiatique.

Le premier poisson représente en particulier l'itinéraire pour s'approcher de la connaissance. Le Léviathan est le franchissement de l'épreuve avec les instruments rituels (sceau d'Abraham). Enfin, le troisième poisson correspond à la phase ultime de l'initiation, déterminée par l'infraction aux règles (ne pas dire ses prières), jusqu'à l'arrivée traumatisante sur la plage, dernière étape de l'initiation.

L'ésotérisme cabalistique du Golem

Dans la tradition hébraïque, le Golem est une créature faite par l'homme grâce à la méthode de Dieu pour donner la vie à Adam, mais forgée avec le pouvoir de la magie. L'ambiguïté qui le caractérise est due à l'ambivalence de son comportement envers son créateur : humble serviteur, mais aussi ennemi violent et mauvais.

Le mécanisme symbolique qui le distingue fait qu'il s'adapte facilement à de multiples applications culturelles ; son image est entrée dans l'imaginaire collectif où il incarne surtout l'idée du serviteur muet, incapable d'avoir une personnalité propre, totalement lié au pouvoir de son père-patron.

En Occident, on doit la diffusion de son mythe, au-delà des limites de la culture judaïque et cabalistique, à l'écrivain autrichien Gustav Meyrink (1868-1932) qui se consacra à l'ésotérisme et joua un rôle actif dans la Loge théosophique « Étoile bleue » de Paris, au point qu'on le surnomma l'« initié ». Dans *Le Golem* (1915), il raconte les aventures de cette créature mystérieuse, souvent dépeinte d'une manière terrifiante : l'origine de cette histoire remonte au XVIIe siècle. On dit qu'un rabbin, d'après des écrits de la Cabale qui furent perdus par la suite, parvint à faire vivre le Golem, un homme artificiel qui lui servait de domestique, sonnait les cloches de la synagogue et s'occupait à sa place des travaux les plus lourds.

Ce n'était pas vraiment un homme comme nous, mais un être obscur, une espèce de créature végétale qui ne vivait que le jour, grâce à une formule magique écrite sur un billet qu'on lui plaçait derrière les dents et qui attirait sur lui les forces sidérales errant dans l'univers.

Un soir, après la prière habituelle, le rabbin oublia de retirer le sceau de sa bouche ; on dit que le Golem fut saisi d'une furie sauvage et qu'il se mit à courir aveuglément à travers les ruelles sombres, détruisant tout sur son passage. Le rabbin réussit enfin à se jeter contre lui et à détruire la formule magique. Le Golem se serait alors écroulé au sol. Il ne resta rien de lui, à l'exception d'une petite statue en argile qu'on peut voir, aujourd'hui encore, dans la synagogue Vieille-Nouvelle.

Des prières et des jeûnes précèdent le choix de l'argile sur lequel on prononcera le *Chem hemphorasch* (nom ineffable et terrible, que seuls les initiés connaissent), qui servira ensuite à modeler le Golem, alors qu'une procession s'achèvera autour de la matière encore informe, en récitant deux cents formes de l'alphabet secret. D'après la tradition légendaire la plus répandue, pour donner la vie à cette créature, il faut écrire sur son front les lettres hébraïques *aleph, hem, thaw*, pour former le mot *emeth*, « vérité », et pour la détruire il suffit d'effacer la première lettre, et l'on obtient *meth*, « mort ».

La forme la plus ancienne du mot « Golem » se trouve dans les *Psaumes*. À partir de cette forme naquit l'usage talmudique d'adopter ce terme pour indiquer en général ce qui est informe et imparfait. Le substantif Golem est aussi traduit par « embryon ». Le mot rappelant le verbe « envelopper », « plier », il est juste de penser qu'il indique une chose enveloppée sur elle-même, encore informe (*Psaumes*, 139, 16) ; le substantif peut alors être utilisé pour se rapporter à ce qui n'est pas encore parfait, sans développement, l'existence qui précède l'essence.

Les spécialistes de la cabale soutiennent qu'aux alentours du XVe siècle le Golem s'est répandu au-delà de la culture hébraïque, même si l'une des sources les plus anciennes sur cette créature mythique remonte au IXe siècle ; le Golem y prend des connotations plutôt originales, car il est de sexe féminin, modelé par le philosophe mystique Salomon ibn Gabirol (1021-1058) et utilisé comme domestique. Accusé de magie, par la Cour du roi d'Espagne, son créateur a donc été condamné à le détruire. En revanche, la tradition moderne commence vers la moitié du XVe siècle avec Elijah de Chelm, auquel on a attribué la création d'un homme grâce à l'intervention divine.

> ## LE LIVRE QUI DONNE LA VIE
>
> On raconte que, pour donner la vie, les prêtres se référaient au *Sefer Yezirah* (Livre de la création), un ouvrage composé de deux livres ésotériques, dont le plus ancien (de 200 à 800 av. J.-C.) est tenu pour thaumaturge, très populaire à l'époque talmudique. Le *Sefer Yezirah* est une sorte de grammaire considérant les lettres de l'alphabet hébraïque comme les éléments de la création proprement dite.

LE SYMBOLISME CHRÉTIEN

Étant une religion révélée, le christianisme n'est pas un « lieu » ésotérique au vrai sens du terme : ses rites et sa liturgie ne sont pas occultés mais sont accessibles à tous. Toutefois, il est indubitable que le symbolisme chrétien, présent et passé, n'est pas toujours clair et montre des tonalités ésotériques dans des expressions complexes, pas immédiatement compréhensibles.

Représentation symbolique d'un calice dans une vieille maison française

LE MYSTÈRE DES MADONES NOIRES

Dans certains cas, le symbolisme ésotérique chrétien propose des aspects originaux qui renvoient, du fait de leurs caractéristiques, à l'univers du mystère et de l'occulte. C'est le cas des Madones noires, ces effigies qui continuent d'être l'objet de discussions parmi les spécialistes. Il existe dans le monde environ quatre cent cinquante images de la Madone noire, sans compter les exemplaires africains. On les qualifie généralement de « noires » même si elles sont brunes ou d'un gris sombre. Il existe peu d'études sur ce sujet et ces Madones sont tenues pour des Vierges avec des « caractéristiques orientales ». Dans certains cas, on a dit que ces effigies étaient blanches à l'origine et qu'elles se sont obscurcies à cause de la fumée des bougies. De nombreux spécialistes sont d'accord pour voir un lien ininterrompu entre les Madones noires et les divinités païennes féminines, dont ils ont souvent relevé les mêmes attributs formels.
Selon la tradition, au IVe siècle, saint Eusèbe rapporta des statues de La Vierge noire de Terre sainte. On les installa dans certains lieux où, par la suite, on édifia des sanctuaires importants qui devinrent de vrais centres sacrés et où de nombreux miracles eurent lieu.

Il y a deux sortes de représentations de la Madone noire : dans la plus ancienne, le personnage est assis ; dans l'autre, plus récente (et relevant de l'art gothique), elle est debout.

Pour ce qui est de la chronologie, la plupart des Madones noires ont été réalisées entre le XIIe et le XVIIe siècle : un laps de temps assez important, mais loin de l'époque où vécut Saint Eusèbe. Cela n'exclut pas le fait que les œuvres actuelles soient des copies de statues plus anciennes ; par ailleurs, l'image de la Madone noire peut également être issue de l'union de la tradition byzantine (icônes) et de la réutilisation chrétienne de groupes égyptiens, en ébène, représentant Isis et Horus, répandus en France avec les croisades.

La Madone Noire d'Orope, en Italie

Enfin, il ne faut pas négliger l'hypothèse de l'influence de l'iconographie des divinités gallo-romaines, parfois brunies, vénérées pour leur thaumaturgie dans le domaine de la fécondité et de l'accouchement. Si l'on analyse d'autres récits sur la Vierge noire et son culte, on relève certains aspects récurrents :
– ces statues auraient été sculptées ou peintes par saint Luc ;
– elles auraient toujours été découvertes dans des endroits particuliers (grottes, arbres, sources) ;
– on reconnaît généralement à ces effigies des pouvoirs miraculeux, y compris leur capacité de se marier ou de favoriser le mariage des fidèles.

Certains chercheurs voient dans la couleur noire un expédient artistique pour cacher le visage d'une femme qu'aucun artiste n'aurait pu représenter. Cela renvoie à l'habitude des premiers chrétiens de faire le Christ en croix habillé, contrairement à ce qu'on attendrait par souci de réalisme – une sorte de pudeur liée à l'impossibilité de rendre matériellement l'aspect humain de la divinité.

Les versets du *Cantique des cantiques* sont exemplaires et bien connus : la référence à la Vierge noire est une sorte de stéréotype : « Ne vous étonnez pas de me voir si sombre, car c'est le soleil qui m'a colorée de la sorte. Je suis noire, mais belle parmi les filles de Jérusalem. »

Le noir renvoie à l'inconnu, au mystérieux et s'oppose au blanc qui exprime la lumière et la certitude. S'agissant de la Madone noire, tout le symbolisme archaïque « autre » de la couleur ouvre une fenêtre sur un univers obscur, d'un attrait inquiétant. La définition de *Vierges égyptiennes* attribuée aux Madones noires n'a fait qu'augmenter le symbolisme ésotérique de ces images. Le lien avec les templiers, souvent établi sur des bases tout à fait irrationnelles, représente l'aspect le plus voyant des références au symbolisme magique inhérent à ces effigies. Enfin, il ne faut pas oublier que, dans certaines civilisations du passé, le noir était une couleur positive, liée à la vie et à la fertilité, car il symbolisait sans doute le monde souterrain où ont lieu la génération et la régénération.

Le langage symbolique des Écritures

La vie du Christ, telle que la racontent les évangélistes, présente déjà des références concrètes à l'univers de l'ésotérisme, à travers le langage du symbole. Certains exotériques soulignent tous les aspects de la vie de Jésus où le mystère de l'existence du Messie devient l'expression d'un lien avec des allégories et des symboles. Nous ne nous arrêterons pas sur la réflexion philosophique et théologique, nous nous limiterons à l'observation des symboles du christianisme, en essayant d'interpréter le contenu de certains d'entre eux. Dans les enseignements du Christ aux Apôtres, un sens symbolique était déjà implicite et devait être interprété en essayant d'en comprendre la « morale ». Le symbolisme apostolique aurait donc été dû aux exigences des communautés chrétiennes, contraintes d'utiliser un langage non direct, accessible uniquement à qui croyait aux vérités révélées par la nouvelle religion.

Personne ne nie que dans la vie de Jésus, telle qu'elle est présentée dans les Saintes Écritures, il y a des éléments ayant une valeur symbolique. Les écrivains catholiques ne le nient pas, même s'ils s'en tiennent à des limites très modestes ; les chercheurs d'une autre école l'affirment un peu plus et avec des

Même dans la simplicité de ses représentations, la reliogisité chrétienne s'en tient aux modèles dogmatiques de la théologie

différences plus ou moins grandes ; Jésus apparaît donc en pleine lumière, sur le plan de l'histoire, à tous ceux qui considèrent le travail des évangélistes comme une vraie biographie, alors qu'à l'opposé on trouve ceux qui nous proposent une image idéale, entourée du halo de la légende.

Dans le christianisme, le mot « symbole » a deux sens :
– le premier est celui de la formule ou de l'énonciation d'une doctrine, réunissant ceux qui adhèrent à la même foi, comme dans le cas de l'Église catholique ;
– le second sens indique quelque chose de sensible, objet ou action, dont le sens est en rapport avec un objet spirituel, du fait d'une certaine ressemblance, mise en évidence par une confrontation intellectuelle.

Le symbole doit être intelligible s'il entend avoir une efficacité unificatrice, et donc révéler intuitivement la vérité religieuse symbolisée. Mais, simultanément, il ne doit pas avoir un caractère trop intellectuel, car il perdrait son efficacité mystique.

Les symboles des évangélistes

Dans les représentations les plus anciennes, les évangélistes sont mentionnés comme les quatre fleuves du Paradis, issus d'une roche considérée comme celle que Moïse avait parcourue avec sa baguette pour donner de l'eau à son peuple assoiffé. À partir du Ve siècle, ils apparaissent sous la forme d'anges ; par la suite, on adopta le symbolisme lié à la vision divine du prophète Ézéchiel :

 Je regardai : c'était un vent de tempête soufflant du nord, un gros nuage, et au centre comme l'éclat du vermeil au milieu du feu. Au centre, je discernai quelque chose qui ressemblait à quatre animaux dont voici l'aspect : ils avaient une forme humaine. Ils avaient chacun quatre faces et chacun quatre ailes. Leurs jambes étaient droites et leurs sabots étaient comme des sabots de bœuf étincelants comme l'éclat de l'airain poli. Sous leurs ailes, il y avait des mains humaines tournées vers les quatre directions, de même que leurs faces et leurs ailes à eux quatre. Leurs ailes étaient jointes l'une à l'autre ; ils ne se tournaient pas en marchant : ils allaient chacun devant soi. Quant à la forme de leurs faces, ils avaient une face d'homme, et tous les quatre avaient une face de lion à droite, et tous les quatre avaient une face de taureau à gauche, et tous les quatre avaient une face d'aigle.

(Éz, I,4-10)

C'est saint Jérôme qui a fourni l'interprétation de ce symbolisme, encore empreint d'un fort ésotérisme : en décrivant Matthieu, l'homme ailé car il commence son évangile par la naissance du Christ en tant qu'homme ; Marc, le lion ailé, car il commence avec le prêche de Jean dans le désert ; Luc, le taureau ailé car il commence par le prêtre Zacharie et son rite purificateur et enfin Jean, un aigle car grâce à lui, l'esprit divin s'exprime avec une puissance extrême et parce qu'il s'élève jusqu'aux régions les plus hautes et les plus sublimes de la connaissance, tel l'aigle qui vole vers le soleil.

À l'évidence – et pas uniquement à propos du christianisme –, il convient de distinguer le symbole de la métaphore et des autres figures de rhétorique utilisées très souvent en littérature dans des buts quasi ésotériques. En effet, les mots bibliques sont pris au sens propre dans la description du symbole, alors que, s'agissant de la métaphore (ou de l'allégorie qui est une métaphore prolongée), ces termes sont utilisés au sens figuré. Dans ce sens, les théologiens rapportent que dans les religions monothéistes un certain symbolisme risque de conduire à une mentalité religieuse « primitive » et d'identifier symbole et réalité (magie, idolâtrie).

Les symboles liturgiques

Le symbolisme liturgique se présente sous une forme différente de celle du symbolisme religieux et de toute autre manifestation culturelle, dans la mesure où il évalue autrement le contenu et son application, dans le cadre de toute expression de la foi. Toutefois, si aujourd'hui la valeur du symbole dans le christianisme a été totalement modifiée, autrefois, les choses étaient tout à fait différentes. Au Moyen Âge, par exemple, il y eut une véritable prédilection pour le discours symbolique qui aboutit même à des interprétations arbitraires au caractère artificiel. L'homme médiéval essayait de trouver une référence symbolique à toute chose, parole ou action ; il voulut donc voir dans chaque moment de la messe un rapport avec la Passion du Christ, ce qui n'a pas lieu d'être. Au cours de la période complexe entre Réforme et Contre-Réforme, le symbolisme fut considéré autrement, parvenant à l'extrême opposé. Dans le cadre du christianisme, le mécanisme symbolique, rarement ésotérique, se trouve dans plusieurs expressions :

– symbolismes « naturels » (qui présentent une signification directe, telle la colombe, symbole de la pureté) ;
– symbolismes conventionnels, dominés par des orientations culturelles, typiques de différentes populations ;
– symbolismes déterminés par des motivations psychologiques, partagées par tous.

Rappelons, par ailleurs, que certains symboles ont acquis leur valeur précise en fonction des significations que leur donnent les liturgistes et les théologiens.

L'iconographie chrétienne populaire est particulièrement riche en symboles liturgiques

Souvent les petits objets faisant partie du rituel religieux finissent par être considérés comme une présence fixe et on ne leur accorde pas d'attention parce qu'ils sont là, et cela suffit. En réalité, ils peuvent être un microcosme articulé et fascinant, renfermant une culture riche en tradition et en histoire.

Les significations des symboles les plus répandus

Lumière : c'est le symbole de Dieu et, par extension, du Christ et de la foi : c'est l'illumination consécutive au baptême ; on peut y voir aussi la représentation de l'offrande.

Soleil : il a une valeur symbolique dans plusieurs religions. En ajoutant à la valeur initiale du symbolisme solaire le concept du Christ « lumière du monde », le christianisme s'est servi de cette figure pour mieux exprimer l'importance du Messie, sous un aspect lui permettant de s'opposer aux divinités païennes.

Feu : un des quatre éléments fondamentaux, auquel les religions attribuent une valeur destructrice et régénératrice. Dans la Bible, c'est l'élément emblématique qui garde et exprime le caractère saint de Dieu. S'agissant de la tradition chrétienne, le feu est d'une part relié à l'Esprit saint reçu par les disciples à la Pentecôte sous forme de langues enflammées, pour leur donner courage et espoir (*Actes des Apôtres*, II), d'autre part, il intervient d'une manière destructrice à l'occasion du jugement dernier.

Eau : ce symbole aussi est présent dans toutes les religions, avec des caractéristiques différentes. Pour le christianisme, c'est le signe de la purification, le bain permettant la renaissance ; son affirmation la plus emblématique est le rite du baptême.

Sel : il s'agit d'un produit très utilisé dans la liturgie catholique, car c'est le symbole de la « conservation ». Il préserve contre la fadeur de la vie, les péchés ; d'où son intervention dans les rites baptismaux, la bénédiction des eaux, en opposition directe avec le paganisme où le sel symbolise la destruction et l'extermination (on répandait du sel sur les ruines des villes ennemies vaincues).

Vigne : dans les premières communautés chrétiennes, c'était le symbole de l'Église. Son produit, le vin, était tenu pour le symbole de l'union par les Pères de l'Église, car on l'obtenait en mettant dans un seul calice le liquide issu de l'union de plusieurs grains de raisin.

Huile : la Bible fait référence à de nombreuses onctions susceptibles d'être considérées comme liturgiques : de l'onction de l'autel à celle des plus grands prêtres et du roi. L'huile est étroitement liée à l'olivier, symbole de paix et d'alliance. Exemple significatif, l'épisode de la colombe qui retourne dans l'arche de Noé avec un rameau d'olivier dans le bec (*Genèse*, VIII, 11).

Pain : produit obtenu à la sueur du front (*Genèse*, III, 19), il joue un rôle symbolique dans l'Ancien et le Nouveau Testament. S'agissant du christianisme, le pain rappelle surtout la Cène, au cours de laquelle le Christ dit de manger du pain et de boire du vin en souvenir de sa mort.

Poisson : figure importante du Nouveau Testament, surtout quand on sait que certains disciples de Dieu étaient pêcheurs. Le poisson devint un symbole ésotérique pour les premiers chrétiens puisque le terme grec *ichthys* renfermait en acrostiche les initiales d'une profession de foi fondamentale : « Jésus-Christ, Fils de Dieu, notre Sauveur ».

Encens : son utilisation est passée des païens à l'Église avec la même valeur symbolique de vénération à l'égard des personnes sacrées. D'après la tradition orientale, c'est un signe d'honneur envers Dieu et les participants à la messe.

Agneau : du fait de sa candeur et de sa mansuétude, c'est le symbole de la bonté et de la gentillesse ; il est en outre relié à l'idée de sacrifice. Il joue également un rôle important dans les rituels de la Pâque judaïque, qui ont conditionné en partie la tradition chrétienne.

Représentation de la Trinité dans une peinture du XVIIIe siècle

Colombe : comme l'agneau, c'est la mansuétude, la pureté et l'innocence. C'est l'emblème de l'Esprit saint dans le Nouveau Testament.

Cène : dans la Bible et les civilisations orientales, sa signification symbolique est importante. La Cène de Pâque a un contenu particulier, rappelant et donnant un sens rituel à l'intervention libératrice de Dieu en faveur de Son peuple.

Crosse : attribut du berger dans la liturgie ecclésiastique, elle représente le pouvoir divin, symbole de la force créatrice avec sa poignée en spirale.

Nombres : ils jouent un rôle symbolique important dans les liturgies. Ainsi, l'Ancien Testament connaît ce symbolisme et amplifie considérablement le sept et le quarante. On retrouve les mêmes valeurs dans le Nouveau Testament et, donc, dans la liturgie, mais souvent avec une nouvelle base issue de la Révélation : la Trinité, les sept sacrements, les douze Apôtres, etc.

LE SYMBOLISME DES SACREMENTS

D'après la théologie, s'agissant de l'administration des sacrements proprement dits, il convient de distinguer les symbolismes accidentels et secondaires du vrai symbolisme sacramentel, au sens strict du terme.

Le symbolisme sacramentel le plus répandu est celui de l'imposition de la main ou des mains, en signe et en témoignage de la transmission ou de l'exercice d'un pouvoir ou d'une faculté vis-à-vis de la personne concernée (pénitence, ordre). Dans le baptême, il s'agit de l'immersion dans l'eau (sépulture

Le symbolisme du bruit pendant le carême

Une fois terminés les lazzis et le fracas de carnaval, voici le carême et son invitation à la méditation. Cette « terre de silence » est un terrain peu exploré, compte tenu de l'absence de sources précises sur le rapport bruit-silence dans la dimension sacrée de cette période particulière.

Aussitôt après la résurrection du Christ, le bruit et le fracas reviennent, avec les chants de joie des chrétiens et les échos de traditions souvent très anciennes.

Aujourd'hui encore, le rite ambrosien prescrit qu'au cours de la veillée de Pâques – après la triple annonce « Le Christ est ressuscité », chantée en crescendo par l'officiant – on sonne les cloches et qu'on joue de l'orgue par trois fois. N'oublions pas non plus qu'une rubrique du missel romain recommandait qu'après l'office des ténèbres, on fasse un peu de bruit »… Moines et fidèles répondaient à cette invitation en battant leurs missels sur les bancs, en tapant des pieds ou en faisant tourner la crécelle (l'instrument remplaçant les cloches pendant la semaine sainte et utilisé par les enfants durant le carnaval).

Dès le XIe siècle, les sources concordent sur ce point. En équilibre entre religion et magie, des rites paysans avaient lieu, avec cortèges de personnes utilisant des instruments divers pour réveiller la nature. Ce rite – qui associe symboliquement la fête de Pâques au binôme fécondité-printemps – a été particulièrement suivi en Europe et confié aux enfants qui « appelaient » le printemps. La tradition s'est maintenue même sous le christianisme. Ainsi, dans plusieurs régions italiennes, quand les cloches du Gloria avaient retenti la veille de la Résurrection, les paysans couraient attacher les plantes à fruits avec une corde ou un brin de jonc afin qu'elles « gardent leurs fruits », une manière pour eux de s'assurer une bonne récolte. Même si, à première vue, ce rite ressemble à tous les autres liés au printemps, cette tradition rappelle que la résurrection du Christ était autrefois en rapport avec la renaissance de la nature, une idée renforcée par la croyance selon laquelle les femmes auraient été alors en mesure de concevoir des enfants plus facilement (ce qui permettrait de mieux comprendre l'abstinence sexuelle pendant le carême). À Voghera (dans le nord de l'Italie), on frappait avec des bâtons les bancs des églises alors que les fidèles étaient en prière. C'était le rite *bat barabàn*, à savoir battre Barabbas. N'oublions pas que le bruit, comme expédient pour éloigner le mal, est une idée qu'on retrouve dans de nombreuses cultures. En ce qui concerne les rites de Pâques, tous ces bruits sont une sorte de « justification » chrétienne au fracas propitiatoire du samedi saint : il est remarquable que certaines expériences commencent après le hurlement « À mort Barabbas », ou que bâtons et brindilles soient dits *batticristi* (en Ligurie).

symbolique) et de la sortie de l'eau (renaissance). Dans l'Eucharistie, c'est le banquet sacrificiel, mais le sacrifice est représenté sous deux espèces sacramentelles séparées. En revanche, l'onction avec l'huile symbolise l'onction aux infirmes, le signe de la guérison de l'âme du péché.

Au cours des siècles, le symbolisme sacramentel a subi des variations qui, dans certains cas, l'ont rendu moins complexe. Toutefois, cette simplification a souvent souligné l'hermétisme du sens de certains rites en les enveloppant d'une sorte de halo ésotérique pas toujours facile à interpréter.

Le Christ mort, entouré des symboles liturgiques de la passion (gravure datant de 1780)

Par ailleurs, l'usage consistant à battre avec des bâtons murs, bancs et confessionnaux des églises pour éloigner le diable, « maître du monde » temporaire après la mort du Christ, est avéré. Les exemples, même très contradictoires par rapport à la tradition chrétienne, ne manquent pas. Ainsi le *risus paschalis* : des prêtres essayaient d'augmenter la joie de la Résurrection en impliquant les fidèles dans les histoires plutôt salées, des répliques et des lazzis souvent associés à des actions et à des plaisanteries vulgaires. C'est là un aspect plus singulier et moins connu de la religiosité populaire caractérisant les rites de Pâques. Pour une série de raisons, impossibles à développer ici, on pense qu'il y avait des réminiscences de rites préchrétiens derrière le *risus paschalis*. Si la liesse pour la Résurrection est un élément fondamental de la tradition de Pâques, il ne faut pas oublier le rôle important du silence, au plan liturgique et symbolique, dans l'observation de cette fête. C'est grâce au silence extérieur que l'esprit arrive à trouver la tranquillité et l'équilibre nécessaires au silence intérieur, celui qui permet d'écouter la voix de Dieu. L'attente de la réponse devient un moment mystique, qui parvient cependant – en raison de la foi – à saisir la grandeur du silence auquel arrivent toujours certains enseignements.

Ainsi, le rite actuel du baptême est réduit à une simple aspersion de la tête mais, comme cela apparaît clairement dans la cérémonie sacramentelle primitive et les témoignages de saint Paul, à l'origine, il s'agissait d'une immersion totale sous l'eau suivie d'une émersion (la résurrection).

Dans la confession, l'imposition des mains sur le pénitent a été réduite à un geste à peine perceptible avant l'absolution ; en outre, au cours de la célébration de la messe, le symbolisme du repas auquel participaient toutes les personnes présentes n'est plus très évident aujourd'hui.

Chaque jour deux milliards d'*Ave Maria*

Chaque jour, dans le monde, on récite deux milliards d'*Ave Maria* : une donnée en nette contradiction avec ce qu'on dit au sujet de l'éloignement régulier de la foi de la part d'une grande partie de pays chrétiens. La valeur de la prière va peut-être au-delà de la foi et devient une expérience culturelle visant à mettre en œuvre un processus d'identification de soi, avant d'entamer un dialogue avec l'Absolu. Sous certains aspects, la prière constitue effectivement un langage usant du symbole et qui se structure de manière à présenter aussi des aspects ésotériques, susceptibles d'être interprétés – comme en poésie – uniquement après une évaluation plus approfondie du contenu de la prière.

Prier veut dire « sentir que le sens du monde est en dehors du monde », disait le philosophe Ludwig Wittgenstein ; on essaie donc d'établir un pont entre fini et infini, peut-être à la recherche d'un instant permettant d'apaiser l'angoisse de la solitude. Les premiers témoignages de prière viennent des civilisations les plus anciennes, ce qui révèle le besoin atavique éprouvé par l'homme de trouver un moyen, un langage pour entrer en contact avec le divin.

La demande de celui qui – presque comme un primitif – invoque le divin pour obtenir une aide immédiate, et le texte liturgique, complexe et charpenté du Nouveau Testament ont en commun la nécessité de mettre en relief le rapport valeur-foi, de certifier le Credo. Dans le cas du culte marial, la prière joue un rôle fondamental (le chiffre ci-dessus le démontre) et constitue aussi une donnée importante pour comprendre le développement de la dévotion à la Vierge.

Le symbolisme de la croix

On peut difficilement dire quand le « signe-croix » a trouvé sa place spécifique dans le cadre de la culture humaine. Cela a certainement eu lieu avant le christianisme, en des « temps non suspects », quand cette forme au graphisme poussé à l'extrême était dépositaire de significations que l'on peut difficilement retrouver dans les itinéraires hermétiques des archétypes.

Il n'est pas simple de définir le rôle de la croix dans la culture : l'éventail des hypothèses est si complexe qu'on s'y perd. Incontestablement, cette figure renferme des thèmes religieux, mais aussi des motifs graphiques dont les significations vibrent encore des expériences symboliques remontant à des millénaires et que l'homme d'aujourd'hui ne connaît pas complètement.

Avant de représenter la Passion du Christ, la croix était déjà un symbole lourd de références bien connues du monde classique. Sa diffusion est également attestée dans des cultures plus lointaines et différentes, des Bantous aux Navajos, jusqu'au Tibet.

La croix est la rencontre de deux lignes, le croisement de tendances opposées, symbolisant l'union de points placés dans des univers lointains. Sa forme exprime effectivement la conception spatio-temporelle du cosmos : quatre points cardinaux, quatre directions de la rose des vents, la verticalité de l'*axis mundi*, les relations temps-éternité.

Située au centre mystique du cosmos, la croix est le pont ou l'échelle empruntés par les âmes pour monter vers Dieu. Dans certaines variantes, elle a sept marches, comme les arbres cosmiques qui représentent les sept ciels. La croix établit donc la relation primaire entre les deux mondes (terrestre et céleste), mais, du fait de la traverse qui coupe nettement la ligne verticale, correspondant aux deux sens cités (axe du monde, symbole du niveau), elle représente aussi l'union des contraires, où s'accouplent le principe spirituel et vertical et l'origine de la manifestation et de la terre. D'où sa transformation en signe de lutte et d'instrument de martyre.

La présence du signe en forme de croix est attestée depuis la nuit des temps, sans solution de continuité. Si le christianisme en a fait son symbole caractéristique en lui attribuant les valeurs que nous connaissons tous, jusqu'à le transformer en instrument de protection et d'exorcisme, la croix figure aussi dans plusieurs gravures rupestres préhistoriques et protohistoriques des Alpes, où elle symbolise souvent la figure humaine.

Même sous ses aspects les plus simples, la croix est souvent caractérisée par des éléments à grande valeur évocative

La croix réunit deux par deux les points diamétralement opposés, communs au cercle et au carré qui y sont inscrits. Sous ces deux aspects – le centre qui s'étend dans les quatre directions ou la liaison qui ramène à l'unité les extrémités des deux perpendiculaires –, la croix a une fonction symbolique de synthèse et de mesure. En elle le ciel et la terre s'unissent le plus intimement possible, l'espace et le temps se mélangent et se conjuguent. Il est important de rappeler le rapport étroit entre les formes de la croix latine ou grecque et le plan des églises, ce qui met en relation l'homme et le divin à l'intérieur d'une structure essentielle qui rassemble les symbolismes de la vie, de la mort et de la résurrection. La croix comme base du temple peut effectivement être reliée au thème de l'*homo ad quadratum*, théorie dérivée des études de l'architecte

LE SYMBOLE DU BÉNITIER

Le bénitier, objet symbolique très peu analysé, constitue un objet intéressant dans le symbolisme religieux. Il faisait autrefois partie intégrante du mobilier des maisons, une présence discrète qui conservait un liquide précieux, bon pour de nombreux gestes rituels des croyants, en mesure de sanctifier et d'exorciser.

Le nombre important de ces objets chez les antiquaires et les artistes, qui ont souvent placé un bénitier parmi les meubles, est un témoignage ne permettant aucun doute. Ainsi, parmi les scènes de la série de la *Légende de sainte Ursule*, le peintre Vittore Carpaccio (1460-1525) a représenté une sorte de bénitier – dont la forme rappelle un petit seau – avec son aspersoir. Ces objets ne manquent pas chez Dürer, Lotto, Rembrandt, etc., jusqu'aux ex-voto : dans ces manifestations de foi spontanée, le bénitier est un élément récurrent et omniprésent.

Les chercheurs utilisent ce patrimoine iconographique important pour identifier des typologies, des modèles, des éléments de décor. Du point de vue de leur forme, les bénitiers ont une structure assez stéréotypée, une sorte de cadre baroque à l'intérieur duquel on retrouve très souvent les mêmes sujets : la Vierge, les anges et les symboles du Christ et de la Passion. En ce qui concerne les matériaux, le plus commun (surtout s'agissant des bénitiers domestiques) est la céramique, alors que dans les églises c'est du marbre, voire de la pierre toute simple. On trouve aussi des modèles en corail, et chez les nobles l'or et l'argent bosselés. Les bénitiers étaient donc, parfois, de vrais bijoux, et leur fonction rituelle passait après une fonction matérielle et décorative.

Chacune de ces œuvres, même la plus simple et la plus grossière, a le grand mérite de nous renseigner sur un fragment de l'histoire de la foi, dont on retrouve aujourd'hui les traces dans les marchés aux puces, les vitrines des musées et chez les collectionneurs.

Bénitier de la basilique Saint-Pierre de Rome

latin Vitruve, visant à démontrer la perfection géométrique du corps humain. Selon cette théorie, le corps humain bras en croix a une largeur et une hauteur égales, d'où le carré qui le circonscrit. Le même corps, jambes et bras écartés, peut être considéré inscrit dans un cercle dont le nombril est le centre : on parle donc de *homo circularis* ou *homo rotatus*.

Pour rappeler, si besoin est, la complexité de la croix en tant que symbole, les croix de la tradition orientale, avec le nom *Abpacaz* (*Abraxas*) écrit entre l'alpha et l'oméga, sont particulièrement suggestives. Dans de tels cas, le symbolisme chrétien s'associe à la tradition ésotérique païenne et donne ainsi une image visant à fasciner les hermétistes et à suggérer des

LES FORMES DE LA CROIX

Les formes de la croix sont multiples, et leur rôle symbolique, comme on l'a dit, n'est pas toujours en rapport avec le christianisme, car des éléments graphiques issus de cultures très variées s'amalgament à ce signe.

Parmi les formes les plus répandues il convient de rappeler la **croix grecque**, aux bras de la même longueur, tenue pour une dérivation de la croix en *tau* ou du svastika. Cette rencontre de deux bras égaux indique l'expression d'un équilibre, la visualisation d'une interpénétration faisant vivre une force unique et indivisible.

Dans l'Antiquité, la **croix en *tau*** (ou *crux commissa*) a été utilisée en guise de gibet, une information confirmée par une documentation archéologique abondante ; elle renvoie à la mythologie nordique, surtout quand on la met en relation avec le marteau magique du dieu Thor.

La **croix latine renversée** est le symbole de Satan et l'effigie de son culte, qu'on retrouve aujourd'hui encore parmi les instruments rituels des adeptes du démon. Il va sans dire que cette habitude s'est enracinée à partir d'une opposition spontanée entre *bonum* et *malum*, reconnaissant comme emblème du diable le symbole du Christ renversé à 180 degrés, d'après la règle naturelle des opposés.

En ce qui concerne le **svastika**, on trouve une signification symbolique propitiatoire d'une grande importance, remontant à la civilisation ancienne des hindous. C'était un symbole solaire lié au dieu Vishnou. En Inde, depuis l'époque des Veda, cette croix est un signe sacré gravé sur les portes des temples et peint sur les murs des maisons, symbole qui a connu une grande diffusion dans toute la zone des migrations aryennes. Les spécialistes de ce signe le considèrent en général comme un graphisme du soleil poussé à l'extrême, en rapport avec la renaissance et le cycle du mécanisme cosmique impossible à arrêter. Ce type de croix était présent dans la symbolique préhistorique scandinave : on la voit parmi les gravures rupestres de Bohuslan, en Suède, et on l'a associée au marteau de Thor, cité plus haut : un instrument surnaturel pour éloigner les puissances infernales. Avec l'expansion du christianisme, le svastika a perdu de son importance alors que la croix latine s'impose. L'emblème à crochets sera repris par Hitler, qui en fera le signe spécifique de la culture germanique de son temps.

Svastikas ornant un ancien vase attique

hypothèses mystérieuses aux alchimistes. Toutefois, les parallélismes culturels sont toujours risqués, et souvent les présupposés ne garantissent pas une précision critique suffisante pour une recherche scientifique. C'est pourquoi nous aimerions évoquer un cas qui fait réfléchir et offre un bel exemple de symbolisme ésotérique.

Un même symbole pour des cultures différentes ?

Cette réflexion part d'une thèse de Kurt Mendelssohn révélant des ressemblances étranges entre les usages magiques et religieux de certaines tribus du groupe akan et celles de l'Égypte ancienne. En particulier, certains aspects surtout rituels (y compris l'importance considérable accordée à la descendance matrilinéaire) seraient des traces de traditions égyptiennes dans la culture ashanti (un grand peuple du groupe akan, Ghana du Sud). K. Mendelssohn décrit les célèbres petites poupées Akua-ba, associées à la fertilité, comme des figurines, très différentes de la structure africaine typique, avec un corps cylindrique sévèrement stylisé, deux moignons en guise de bras et une tête ronde en forme de disque. Leur forme est identique à celle de l'ancien *ankh*, le hiéroglyphe de la vie.

La croix *ankh*, *onech* en copte, a plusieurs significations, de la représentation de l'autel à celle du phallus. C'est en général un symbole de vie, attribut divin par excellence. Pour les ésotéristes du passé, l'*ankh* était une espèce de *tau* mythique, d'où son lien avec la tradition magique occidentale, en rapport avec la nouvelle découverte de la culture et de la mystique égyptiennes du XVIe siècle.

Si l'on admet le parallélisme entre *ankh* et la petite poupée ashanti, on peut avancer l'hypothèse que l'égyptien ancien *kha* soit étroitement lié au concept de descendance par la voie maternelle et que la race continue grâce à la mère. On pourrait l'associer au concept de la réincarnation de la descendance féminine, une idée à laquelle on a accordé jusqu'ici peu d'attention.

On est face à un cas de comparatisme, une méthode qui, comme on sait, ne convainc pas forcément les chercheurs en sciences humaines. Il s'agit d'une approche pas toujours exacte qui a donné lieu à des abus dans les analyses des cultures dites « primitives ».

Pour étayer sa thèse, Mendelssohn propose la valeur royale de la figure féminine dans les cultures égyptienne et ashanti.

La poupée Akua-ba, avec sa tête en forme de disque, sur un cou mince et parfois annelé, avec des traits à peine ébauchés, est un symbole fort de fertilité ainsi qu'un instrument de protection fondamental pour les futures mères ; les motifs décoratifs de la face postérieure de la tête sont d'un grand intérêt et relatifs à des traditions symboliques qu'on ne connaît pas forcément. Cependant, même si l'ensemble renvoie à la croix *ankh*, il semble difficile de le superposer complètement à cette dernière, au moins au niveau du symbole.

Dans les deux cas, on se trouve face à deux motifs originaux, dont le rôle pourrait être recherché dans les symboles concernant la fertilité, en rapport avec la renaissance. En fait, dans la tradition égyptienne, la croix *ankh* était l'« amulette de vie », mise entre les mains des morts pour favoriser leur retour.

Il existe de nombreuses hypothèses sur cette croix, même si l'interprétation phallique est la moins crédible, quel que soit ce qu'elle représente pour certains auteurs, elle symbolise certainement la vie. Tous les dieux la portent et il semble même que dans des temps plus anciens elle ait été une représentation conventionnelle de certains objets utilisés comme amulettes.

Dans le papyrus d'Ani, l'*ankh* sort du *Tet*, et ses bras soutiennent le disque du soleil. Encore une corrélation assez directe avec le thème de la renaissance.

Le Saint-Graal

Un grand symbole ésotérique

Le Graal continue d'être un des symboles ésotériques les plus connus, qui a franchi les barrières du temps en fascinant les hommes désireux de connaître son origine et surtout ses pouvoirs effectifs.

L'histoire du Graal est très complexe ; elle est née sans doute au Moyen Âge comme saga celtico-française, pleine d'éléments orientaux apocryphes. Son protagoniste est Joseph d'Arimathie. La présence de ce personnage évangélique est parvenue à donner un caractère sacré au mythe du Graal, en

Le roi Arthur et les chevaliers de la Table ronde autour du Saint-Graal (miniature du XVe siècle)

lui conférant une aura mystique où ont puisé plusieurs groupes ésotériques : cathares, alchimistes, templiers et francs-maçons.

En dépit de ses éléments évangéliques, la genèse biblique du Graal est fausse ; sa tradition relève du mythe et prend tout au plus des tons spirituels car elle est liée au sang de Jésus. Selon la tradition chrétienne, le Saint-Graal est la coupe avec laquelle le Christ a célébré l'eucharistie au cours de la dernière Cène. Joseph d'Arimathie a recueilli dans ce même récipient le sang des côtes du Christ en croix, quand il fut frappé par la lance d'un soldat romain, « et il en sortit du sang et de l'eau » (Jean, XIX, 34). Cette origine présumée a donné lieu à une interprétation un peu forcée du mot « Graal », à savoir *sanguis realis* (« le vrai sang ») du Christ. En réalité, le « Graal » serait plutôt un mot de l'ancien français qui signifie « plat », du latin médiéval *gradalis*, avec des références possibles au grec *kratèr*, « vase pour boire ».

La légende du Saint-Graal est l'une des créations poétiques les plus singulières de la culture européenne des XIe-XIIe siècles. À l'origine, on trouve Chrétien de Troyes, qui composa, vers 1182, *Perceval ou le Conte du Graal*, un poème de neuf mille vers, inachevé, continué par trois autres poètes. L'un est anonyme, identifié en Gaucher (ou Waucher) de Denain, suivi de Gerbert (ou Gibert) de Montreuil et Manessier. Dans ce poème, il y a une coupe mystérieuse qui, apportée en procession au château du Roi Pêcheur, renferme une hostie, seule nourriture du roi paralysé par une blessure. Assistant à la procession, le jeune Perceval voudrait poser une question sur le Graal qui sauverait le roi en le délivrant de l'enchantement mais il n'ose pas le faire, vaincu par sa timidité. Le jour suivant, Perceval repart à la recherche du Graal. Le thème principal est celui de la « résurrection manquée », que Chrétien de Troyes a puisé dans les légendes de la mythologie celte, enrichies d'éléments chrétiens.

Le ton chrétien donné au récit est plus fort chez Robert de Boron, qui composa, entre 1183 et 1199, indépendamment des auteurs qui ont continué le récit de Chrétien de Troyes, une *Histoire du Graal* en vers et *Joseph d'Arimathie*, où l'on retrouve justement le thème du Graal, la coupe où l'on recueillit le sang du Christ.

Depuis l'œuvre de Robert de Boron, il y eut une série de romans et de poèmes dont *La Recherche du Saint*, écrite vers 1220, où la coupe est apportée en Angleterre par les descendants de Joseph d'Arimathie et conservée dans le château de Corbenic : elle devient alors le symbole ésotérique de Dieu, et la recherche du Graal est l'allégorie de la spiritualité chrétienne, opposée à la tradition courtoise et mondaine.

Le monde moderne non plus n'a pas su résister à l'attrait du Saint-Graal : il suffit de penser à l'opéra *Parsifal*, de Wagner, et, plus récemment, à *La Terre désolée* (*The Waste Land*), d'Eliot, jusqu'aux interprétations ésotérico-littéraires d'*Il re malato* (*Le Roi malade*) de Claudio Calzoni.

Le cinéma s'est également beaucoup intéressé à ce thème, depuis des films plus historiques comme *Les Chevaliers de la Table ronde*, de Richard Thorpe (1953), et *Lancelot du lac*, de Robert Bresson (1974), jusqu'à des adaptations avec des films d'aventures comme *Indiana Jones et Les Aventuriers de l'arche perdue*, de Steven Spielberg.

Reproduction de la Table ronde sur deux gravures du XIVe siècle

Les sources et les interprétations

On ne connaît pas exactement les sources auxquelles puisaient les poètes médiévaux pour donner une forme au mythe littéraire et ésotérique du Saint-Graal ; des chercheurs, au XIXe siècle, ont tenté de faire concorder mythes celtiques, croyances chrétiennes et personnages à mi-chemin entre l'histoire et la littérature (du roi Arthur et Merlin aux templiers et aux rose-croix), mais ils n'ont pas réussi à trouver une origine précise à ce symbole en rapport avec la religion, la mythologie et l'histoire. Ce calice millénaire renferme encore bien des aspects occultes et énigmatiques de notre civilisation, qui ont fasciné aventuriers et historiens, philologues et spécialistes de l'ésotérisme. Du point de vue de l'analyse symbolique et ésotérique, l'étude de Julius Evola est exemplaire : le Saint-Graal exprime les aspects initiatiques d'une tradition ésotérique accessible seulement à quelques chercheurs privilégiés.

Même si certains sont prêts à reconnaître une authenticité historique au Saint-Graal, on n'est toujours pas en mesure de dire avec certitude si la référence au Graal renvoie à une coupe – selon la tradition la plus répandue –, à une pierre ou à un livre ; ou encore s'il s'agit d'une allégorie superposable à plusieurs symboles du sacré. En effet, pour d'autres, le terme en question renverrait au Suaire ; ce ne sont que des interprétations, fascinantes, bien sûr, mais dénuées de toute consistance historique.

Si le sens et la forme du Graal restent chimériques, les spécialistes en ésotérisme ont quand même indiqué, chacun avec des « preuves » dénichées sur les chemins tortueux de l'interprétation, où serait caché le Saint-Graal, tout au moins les symboles pour le trouver. À travers ces indications, on découvre que ces endroits sont souvent dans une zone où le christianisme des origines a laissé des traces indélébiles.

Selon certains, il ne serait pas erroné de relier le Graal aux rituels païens les plus anciens relatifs à la fertilité, puis christianisés ; mais ce ne sont que des conjectures difficiles à démontrer historiquement. Dans sa quête du Graal, Perceval se comporte comme un homme de foi qui, en suivant le Verbe, essaie d'arriver à Dieu et à Son royaume. La coupe devient ainsi une sorte de nouvelle Arche d'alliance, un récipient dans lequel le sacré a son siège, entouré d'un symbole que seuls de rares élus peuvent interpréter.

Quelle que soit la façon dont on le considère, en cherchant à tout prix un lien avec l'histoire, le Graal reste un symbole ésotérique des plus fascinants et mystérieux.

Périodiquement, l'ancien espoir de le retrouver est rendu vain (même si, aujourd'hui, des groupes ésotériques assurent le posséder parmi leurs reliques), mais tout cela n'a absolument pas entamé le charme exercé par l'un des symboles ésotériques les plus singuliers de la culture occidentale. Et, malgré tout, la quête continue…

Le Graal, symbole païen

En fouillant dans les traditions nordiques préchrétiennes, on découvre que le Graal est mis en relation avec la culture celtique et ses druides et leur aura pleine de fantaisie.

Comme nous l'avons dit plus haut, il ne serait pas faux de le relier aux rites païens concernant la fertilité, très diffus et christianisés ensuite (du moins en grande partie) : ce ne sont que des conjectures difficiles à clarifier mais qui ont un dénominateur commun avec d'autres traditions préchrétiennes européennes diabolisées par l'Église.

Où est passé le Saint-Graal ?

D'après la tradition ésotérique, Pilate et Joseph d'Arimathie arrivèrent en France en apportant le Verbe et le mystérieux Graal, qui n'a pas tardé à entrer dans la mythologie chrétienne et les traditions ésotériques en devenant « fontaine d'immortalité et instrument des visions divines ». Le posséder signifiait assimiler la tradition initiatique : le Graal « guérissait les blessures mortelles, renouvelait et prolongeait la vie, assurait la victoire à celui qui l'avait ». Bref, il y avait tous les éléments mythiques pour faire naître une tradition pleine de références ésotériques.

Mais quel parcours Joseph d'Arimathie a-t-il suivi pour apporter le Graal en Europe, où il devint l'objet de recherches assidues et de tant de légendes ? Avec les trois Marie, Lazare et Pilate, le disciple secret quitta la Terre sainte vers l'ouest, en apportant partout la parole du Christ. À partir de là, les versions médiévales deviennent plutôt ambiguës, et, dans certains cas, le voyage de Joseph se superpose à celui de saint Paul. C'est ainsi que se crée un parcours indéfini, qui reprend une certaine netteté seulement quand il aboutit au sud de la France.

Plusieurs versions chrétiennes citent Arles et Marseille comme des villes où Joseph et ses compagnons ont terminé leur voyage. C'est à partir de ces lieux que commença l'évangélisation du pays par chaque personnage. On perd alors la trace de Pilate : déjà, même dans le tissu si fragile de l'invention, le procurateur romain devient évanescent et apparaît de temps à autre, uniquement dans les légendes, sans aucun rapport avec l'histoire et la chronologie.

En ce qui concerne Joseph d'Arimathie, on dit qu'il a poursuivi son voyage vers le nord, en direction de Limoges, où, d'après les versions issues de l'œuvre de saint Martial (Xe siècle), l'apôtre trouva un terrain particulièrement fertile pour diffuser la parole de Dieu. Un de ses fidèles disciples, Drennalus, prêcha l'Évangile au bord de l'Océan et devint, en 72, le premier évêque de Tergnier.

Le personnage de Joseph d'Arimathie est aussi très présent en Angleterre, où, dit-on, le Graal a été confié à certains ermites. Ce pèlerin infatigable réapparaît à Glastonbury, où il fait construire une église dédiée à la coupe sacrée : selon la tradition, il s'agirait de l'endroit où l'on peut toujours voir les ruines de l'abbaye de Glastonbury. Joseph planta son bâton au sommet de Wearall Hill, qui fleurit par miracle, en répétant ce phénomène surnaturel chaque année à Noël.

Il est difficile de savoir ce qu'il y a de vrai dans ce pèlerinage. Toutefois, la zone comprise entre le sud de la France et la Cornouailles est si riche en traditions se référant au Graal et à Joseph d'Arimathie qu'on ne peut nier *a priori* toutes les hypothèses, tout en constatant qu'il n'est guère aisé de distinguer l'hagiographie de l'histoire.

Personne ne sait où est le Graal : son dernier possesseur aurait été le mythique père Gianni. Mais, dans ce cas aussi, toute l'aventure se perd dans les traditions légendaires.

Aujourd'hui, trois villes conservent des calices supposés être le Saint-Graal : Ardagh (Islande), Londres et Valence (Espagne). Les chercheurs considèrent avec une certaine attention l'exemplaire espagnol car il est riche en éléments historiques et symboliques susceptibles de certifier sont authenticité théorique.

La coupe de Valence est conservée dans la cathédrale, et elle se compose de trois parties distinctes :

– une coupe supérieure en pierre ;
– une tasse ovale en pierre, renversée, et servant de base avec des inscriptions en arabe ;
– une structure avec manches bosselés et décorés de pierres précieuses, réunissant les parties inférieure et supérieure.

La structure est l'œuvre d'un orfèvre du Moyen Âge, la tasse et la coupe sont sans doute plus anciennes ; les archéologues ont donné plusieurs interprétations de l'inscription, ce qui, de toute façon, ne permet pas d'associer clairement le calice de Valence au Graal.

LE PÈRE GIANNI

Le *prester John*, ou père Iannim, seigneur de règnes mystérieux aux confins du monde connu, est un personnage qui eut un certain succès au Moyen Âge, trouvant un écho populaire considérable dans l'hagiographie chrétienne. Il faut rechercher son origine dans les endroits où la création d'un emblème visant à établir l'autorité du christianisme était la garantie du pouvoir de la religion, qui tentait de se frayer un chemin à travers le paganisme.

Les informations historiques sur ce personnage sont bien minces et ont subi des modifications continuelles, au point d'être radicalement transformées. D'après des sources impossibles à étayer, les croisés parlaient déjà du père Gianni ; puis Manuel Comnène, empereur de Byzance, Frédéric Barberousse et le pape Alexandre III auraient reçu des lettres d'un certain *Johannes Presbyter*, envoyées par le *rex-sacerdos* d'un royaume très riche, peuplé de gens à la peau sombre et où la nature était florissante et unique en son genre.

Ce royaume était divisé en soixante-dix provinces et comprenait les trois Indes et l'Asie centrale ; il s'étendait en Mésopotamie jusqu'à la tour de Babel. En accord avec Frédéric Barberousse, Alexandre III envoya une réponse au père Gianni (juillet 1177), mais on n'a plus jamais rien su de l'expédition chargée de l'ambassade qui se perdit à jamais dans le désert irakien.

Les sources les plus anciennes situent donc le père Gianni en Asie d'où il partit plusieurs fois pour venir en aide aux lieux saints menacés par les païens. Ensuite, sans motivation particulière, le royaume de ce souverain chrétien devint l'Afrique : le document le plus ancien qui certifie cette tradition est une carte de 1339 réalisée par Angiolino Dalorto.

À plusieurs reprises, Marco Polo fait référence au père Iannim et les commentateurs voient en lui Togril, prince nestorien des Kéraïtes, battu par Gengis Khan en 1230.

L'absence de sources objectives, qu'on ne trouvera probablement jamais, a laissé une grande place aux légendes et à l'imagination, en créant un foule de récits, mais surtout de nombreuses interprétations ésotériques qui ont fait du Graal un instrument mythique, un objet extraordinaire, presque une pierre philosophale, qui lui a valu l'attention, entre autres, de Hitler qui voulait le posséder pour acquérir un pouvoir aujourd'hui encore entouré de mystère.

LES AUTRES RELIGIONS

Outre l'apparence ésotérique, toute religion passée ou actuelle comporte un ensemble articulé rythmé par des symboles, des rites et des pratiques faisant partie d'un univers mystérieux pour l'observateur extérieur. Dans l'impossibilité d'examiner à fond, en un seul chapitre, un sujet aussi vaste, nous verrons des « cas » significatifs que les non-spécialistes ne connaissent pas toujours.

On tentera d'aborder des points emblématiques de l'aspect ésotérique de certaines religions où le mécanisme symbolique est un instrument de base pour la connaissance.

LES ESSÉNIENS : LES MYSTIQUES DE LA MER MORTE

En dehors des milieux scientifiques, l'entrée officielle des Esséniens dans l'histoire moderne remonte à l'année 1947, quand les célèbres manuscrits de la mer Morte ont été découverts à Qumran.

À en croire la plupart des sources historiques contemporaines, les Esséniens n'ont pas existé. Plus exactement, ils n'étaient pas mentionnés sous ce nom qui leur a été attribué par des écrivains du Ier siècle, souvent étrangers à leur religion et à leur culture, Philon d'Alexandrie, Flavius Josèphe et Pline.

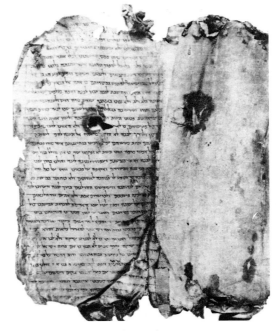

Fragment d'un des rouleaux de Qumran

Les Esséniens ne figurent même pas sur les rouleaux de Qumran. Philon les mentionne dans le *Quo omnis probus liber sit* (75, 91), le *De vita contemplativa* (VI, 46-71) ; Pline l'Ancien dans son *Histoire naturelle* (V, 17) et Flavius Josèphe dans ses *Antiquités judaïques*, *La Guerre des Juifs* et la *Vie* rappellent comment les Juifs sont liés entre eux par un amour réciproque plus fort que chez les autres. Ils repoussent les plaisirs comme un mal, et considèrent comme des vertus la tempérance et le fait de ne pas céder aux passions. Ils se soucient peu de la richesse et leur façon de gérer la communauté de leurs biens est admirable : personne ne possède plus que les autres. Ils se répartissent en quatre catégories, selon l'ancienneté dans la règle. Ils vivent vieux, car beaucoup dépassent cent ans, à mon avis, grâce à leur vie simple et bien ordonnée. Ils ont la réputation d'interpréter les lois exactement, ils constituent la secte la plus importante, et attribuent toute chose au destin et à Dieu ; pour eux, agir bien ou mal dépend en très grande partie des hommes, mais le destin joue aussi son rôle ; ils pensent que l'âme est immortelle, mais seule celle des gentils passe dans un autre corps, alors que celles des mauvais sont punies par un châtiment sans fin.

Même si aujourd'hui on tend à rapprocher étroitement le Christ et les Esséniens, cette thèse a été en partie revue (on a beaucoup souscrit à l'hypothèse du Christ membre de la secte, après la découverte des manuscrits de Qumran, mais elle n'a pas résisté à l'enquête historique) ; cela n'exclut pas un lien entre ce groupe et le Nouveau Testament.

D'après certains exégètes, l'homme avec un broc contenant de l'eau lors de la Cène de Pâques (*Marc*, XIV, 12-15) serait un Essénien.

Des études récentes sur la chronologie de la semaine sainte indiquent que le Christ a peut-être fait référence au calendrier essénien, dont des fragments ont été trouvés parmi les manuscrits de la mer Morte.

Il convient également de souligner que le Christ aurait pu être en rapport avec la secte – sans en faire partie pour autant –, car, lors de son activité publique, il entretint des contacts avec les représentants des groupes sociaux et religieux les plus hétérogènes.

En outre, les communautés esséniennes ne concernaient pas uniquement Qumran : on sait qu'il y en avait en Batanée, à Jérusalem et à Damas.

La quantité considérable de groupes et de sectes (dont plusieurs dominés par des instances eschatologiques) rend très problématique l'analyse du rayon d'action éventuel des Esséniens.

D'après certains interprètes, le nom de ce groupe viendrait de l'araméen *asya*, « médecin », en référence à Flavius Josèphe, qui les mentionne comme des guérisseurs du corps et de l'esprit ; selon ses propos, ceux-ci manifesteraient un très grand intérêt pour les œuvres des auteurs anciens, en choisissant principalement celles qui sont bonnes pour l'âme et le corps ; donc, pour soigner les maladies, ils étudient les plantes médicinales et les propriétés des pierres.

Très présents en Judée, avec une forte concentration à l'ouest de la mer Morte, les Esséniens étaient une sorte d'ordre religieux ascétique, fortement orienté vers une sorte de « socialisme primitif ». Toute forme de commerce était interdite, ainsi que l'esclavage et la violence. Leur morale était très proche de celle des ordres monastiques du christianisme médiéval. Repas et prières en commun complétaient l'expérience mystique quotidienne de leur travail et de leur recherche spirituelle.

On a bien sûr du mal à ne pas mettre en rapport les Esséniens et les membres de la communauté de Qumran. Mais les sources objectives sont très limitées. Il convient cependant d'observer que la doctrine essénienne a plusieurs points communs avec les futurs choix théologiques et rituels de plusieurs communautés contemporaines, même si des caractères spécifiques ne manquent pas.

En particulier, le célibat et le culte du Soleil, et bien sûr l'activité littéraire constituent les aspects qui ont rendu les Esséniens « uniques », aux yeux de certains interprètes.

Gens in qua nemo nascitur (peuple où il n'y a aucune naissance), observe Pline sur le célibat des Esséniens, même si l'on peut reconsidérer cette observation. En effet, d'après Flavius Josèphe, il y avait dans le groupe un « courant » permettant le mariage, mais observant d'autres règles (au cimetière de Qumran, on a retrouvé plusieurs squelettes de femmes et d'enfants). Il y avait un autre groupe d'Esséniens, identique au précédent dans la vie, les usages et les lois, mais différent par rapport au mariage. Selon ce groupe, ne pas se marier, c'était amputer une partie fondamentale de la vie, sa propagation, et si tout le monde était de la même opinion le genre humain cesserait d'exister.

Dans la communauté de Qumran, un personnage emblématique est le Maître (ou Docteur) de justice, figure clé « révélant tous les mystères » et chargée d'une « mission extraordinaire pour les fils de la gloire ». Tenu pour le fondateur de la tradition essénienne, c'était aussi le médiateur entre humain et divin, le dépositaire des connaissances théologiques et le conservateur du rituel, un *rabbi* mis en relation avec le Christ, du fait des rapports évidents suggérés par le Fils de Dieu fait homme.

Dans les *Hymnes de remerciement* du Second Isaïe (53), on fait référence à la mission d'un « esclave souffrant » de Yahvé ; certains y ont vu une description du Maître de justice ; pour d'autres, il s'agirait d'une configuration prophétique du Christ.

Les textes parus jusqu'ici ne mentionnent aucun nom de maîtres, mais les problématiques suscitées par ce personnage ont intrigué rabbins et théologiens chrétiens, tous voulant comprendre si l'interprétation des textes pouvait dépasser les limites usuelles des traditions judaïque et chrétienne.

On a vu en effet dans le Maître de justice de Qumran des rapports éventuels avec Jean-Baptiste. La citation d'Isaïe rappelée par Matthieu en tant que prophétie de l'œuvre de Baptiste, est proposée deux fois dans la Règle de la Communauté (VIII, 12 ; IX, 22), là où l'on fait référence au Maître de justice.

Il convient d'ajouter que cette règle préconisait baptêmes et bains pour se purifier, en sachant toujours qu'on se soumettait à la volonté du Seigneur : le thème de l'eau, comme instrument de purification et d'initiation dans la tradition essénienne, mériterait une étude beaucoup plus approfondie.

Comme Jean-Baptiste, le Maître de justice fut à l'origine des baptêmes et annonça la venue du Messie.

LE SYMBOLISME ÉSOTÉRIQUE

QUE NOUS ONT APPRIS LES GROTTES DE QUMRAN ?

Une grande partie des documents a été endommagée par les agents atmosphériques, les parasites et même les personnes qui les ont découverts, dans la mesure où ils ont été pris pour des pièces à vendre aux collectionneurs ou aux marchands d'antiquités.

Parmi les nombreuses grottes fouillées, vingt au moins ont apporté des témoignages fondamentaux pour l'étude de la littérature religieuse hébraïque et une définition plus nette de certains aspects du christianisme originel. Les textes les plus importants sont :
– le recueil des Hymnes ;
– un commentaire d'Abacuc ;
– le Premier Rouleau d'Isaïe ;
– le Second Rouleau d'Isaïe ;
– la Règle de la Guerre ;
– la Règle de la Communauté ;
– un commentaire de la Genèse ;
– un commentaire d'Isaïe ;
– le Livre des témoignages ;
– le Rouleau des Psaumes.

La pratique de certains rites (baptême, repas eucharistique) a amené des chercheurs à voir des références explicites au christianisme dans la tradition culturelle de la mer Morte. Selon d'autres, les héritiers de la secte de Qumran existeraient encore dans la communauté ésotérique de Mandei, en Irak.
Dans le sillage de l'interprétation selon laquelle la communauté de Qumran serait l'expression d'une tradition proto-chrétienne, il convient d'évoquer la thèse du jésuite espagnol José O'Callaghan : le fragment 7Q5 (50 apr. J.-C.) renfermerait des versets de l'Évangile de Marc (VI, 52-53). Si l'on pouvait démontrer objectivement cette identification, cela signifierait que des textes du Nouveau Testament (outre l'Évangile de Marc, on a reconnu des extraits des Lettres à Timothée et de la Lettre de Jacques) étaient déjà connus à Qumran avant 68 apr. J.-C., quand le lieu a été abandonné. L'étude philologique des documents permet quand même de les situer aux alentours de la moitié du Ier siècle, période où remontent les récipients en céramique contenant les rouleaux.
Si l'hypothèse d'O'Callaghan était vérifiée, de nombreuses certitudes sur les Évangiles seraient à revoir et à corriger. Mais la plupart des chercheurs traditionalistes considèrent le sujet avec une prudence extrême.

LE SECRET DE LA PIERRE NOIRE

La Pierre noire conservée dans la Kaaba et le puits de Zaman se trouvent dans la partie inférieure de La Mecque, à l'intérieur de la cour d'une mosquée construite exprès pour les recevoir. La Kaaba a dix mètres de large, douze de long et quinze de haut. D'après la tradition, après avoir été chassé du paradis terrestre et pardonné par Dieu, Adam obtint de ce dernier l'indication de l'endroit où édifier la Kaaba : une tente autour de laquelle il fallait accomplir des tours de vénération et qui fut détruite avec le déluge universel. Dieu fit savoir à Abraham son désir qu'on y construisît un temple : un vent tourbillonnant balaya le terrain et un nuage indiqua sur le terrain le périmètre de la Kaaba. Quand Abraham et son fils Ismaël eurent achevé leur travail, l'ange Gabriel fit tomber la Pierre noire, blanche à l'origine, qui s'assombrit ensuite à cause des péchés des hommes.

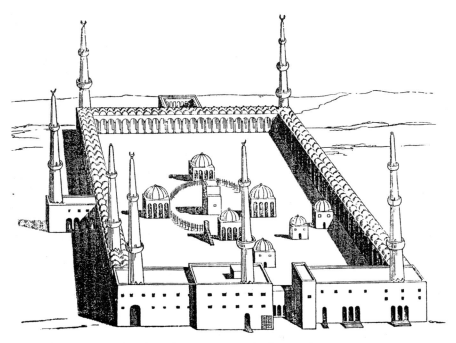

Mosquée de La Mecque dans laquelle est conservée la Pierre noire

Le Coran contient des indications importantes sur ce sujet, visant surtout à souligner que Dieu a fait de la Kaaba une demeure sacrée et un soutien pour les hommes (*Surate*, V, 97).

Dans la surate II (125-128), on trouve une explication spécifique sur l'origine de ce lieu mystique dont l'indication remonterait à Abraham. Cette maison sacrée se devait d'être un lieu de réunion et de refuge sûr et d'utiliser l'endroit ou s'arrêta Abraham comme un lieu de prière.

D'après les géologues, la Pierre noire serait une météorite, même si la tradition voit toujours dans ce symbole ésotérique une pierre provenant du jardin d'Éden.

Avant l'islam, la Kaaba était un sanctuaire païen : les dévots arrivaient de pays parfois très lointains pour vénérer la précieuse relique. Ils touchaient et embrassaient la Pierre noire pour absorber ses pouvoirs – une tradition approuvée par Mahomet, après avoir purifié ce symbole au nom d'Allah.

Les soufis magiques

Le soufisme représente sans aucun doute une des expériences mystiques et religieuse les plus significatives de l'ésotérisme islamique. D'après les sources les plus répandues, le terme *al-sufi* serait apparu en 776, dû sans doute à un ascète irakien. Au IXᵉ siècle, le mot *sufiyah* indiquait des groupes de mystiques qui observaient une règle de vie rigide et austère. En 821, à Alexandrie, on définissait ainsi ceux qui s'opposaient au pouvoir corrompu. Vers la fin du Xᵉ siècle, la première chaire d'enseignement fut créée au Caire, suivie quelques années après par une autre à Bagdad.

Le mot « soufi » vient sans doute de la racine arabe *suf*, « laine » ; or les tout premiers mystiques auraient justement porté un manteau en laine, signe concret de leur pauvreté et surtout de leur volonté de se détacher du bien-être et des aspects matériels. Selon une autre étymologie, le terme vient de *safwa*, « pureté » ; d'autres encore lui attribuent une origine grecque : *sophos*, *sophia*, « sagesse », qui renvoie à un rôle important du soufisme, à savoir la connaissance des aspects les plus ésotériques de la religion. Il convient de rappeler qu'à l'occasion de circonstances diverses les soufis ont été contraints de se réfugier dans l'ésotérisme ; en particulier, certaines de leurs théories sont à considérer comme une forme musulmane du gnosticisme ou du panthéisme et représentent de toute façon une école de sagesse de l'islam. À ce propos, cette affirmation d'un maître soufi est significative : « Entre Dieu et moi, les explications sont inutiles, de même que les preuves et les signes pour me convaincre. L'apparition de Dieu irradie, flamboyante en moi, telle une perle que je ne puis refuser. »

L'ascèse initiatique du soufisme se fonde sur un itinéraire symbolique, guidé par un maître spirituel, qui mène à la purification de l'esprit grâce à la contemplation et à l'invocation de Dieu.

Comme dans plusieurs religions ésotériques, le pôle principal de l'expérience mystique est le maître. Un grand représentant du soufisme musulman, Ibn' Arabi, affirmait : « Qui n'a pas de maître, aura Satan pour maître. »

Ce courant mystique se présente surtout comme une force hétérogène, créatrice et en mesure d'instaurer un rapport très personnel avec Dieu, une façon de préserver sa propre liberté sans ressentir le poids du monde extérieur.

À partir du XIIIᵉ siècle, des personnages très orientés vers le mysticisme s'affirment au sein du soufisme : les derviches (en persan, « mendiant »), dont les pratiques fortement ésotériques ont intéressé de nombreux Occidentaux.

Les principaux rites soufis visent l'ascèse et l'atteinte de l'extase, à entendre comme glorification d'Allah par des invocations précises et continues, répétées toujours dans le même ordre et accompagnées de techniques de respiration complexes et de mouvements articulés du corps.

Atteindre l'extase permet au soufi de s'unir mystiquement avec Allah ; pour y arriver, les membres de cette école ésotérique se livrent à des exercices spirituels comprenant également ablutions, musiques et danses. Les derviches parviennent à cette union mystique au moyen d'une danse : les danseurs, disposés en un double cercle, tournent en une sorte de ronde, bras écartés. L'un d'eux danse au milieu du cercle et tourne en sens inverse des aiguilles d'une montre. Dans certaines confraternités, les danses sont accompagnées par la musique des instruments et la répétition susurrée, obsédante du mot *Hu*, « Lui » (Allah).

Le langage ésotérique employé dans le symbolisme soufi n'est pas facile à comprendre pour les Occidentaux

La danse du Soleil et des Esprits

Les Indiens d'Amérique sont entrés officiellement dans l'histoire quand Christophe Colomb découvrit le continent en 1492 et l'appela, par erreur, Indes. Ce peuple, qui comptait alors vingt-deux millions de personnes, s'était formé bien des années avant, au moment où différentes ethnies de Mongolie étaient arrivées de Sibérie en Alaska, à travers le détroit de Béring. Peu à peu, ces populations se sont répandues sur le continent, jusqu'à la Terre de Feu.

Pour les autochtones d'Amérique, la rencontre avec les Blancs fut une sorte de saut dans le vide. Et, si Colomb ramena avec lui, au cours de son deuxième voyage, de nombreux missionnaires pour une christianisation paci-

La peinture du corps

Le fait de se peindre le corps a beaucoup contribué à rendre mystérieuse la culture religieuse indienne. Il s'agit souvent d'un véritable langage ésotérique et rituel qui transmettait beaucoup de choses sur les personnes qui portaient ces décorations ; bien sûr, seuls certains adeptes étaient en mesure de lire ce « livre » écrit sur la peau. Le langage symbolique de la peinture corporelle des Indiens d'Amérique est problématique, car il est le confluent d'expériences issues de matrices différentes : on y visualise surtout une intention évocatrice dont l'origine concrète se situe au niveau de la tradition tribale.

La géométrie complexe des signes était le reflet d'un symbolisme « ésotérique » pour l'étranger, très clair pour les natifs du pays : sur les traces peintes et tatouées à même le corps, ils pouvaient lire à quelle tribu appartenait une personne, son rôle (guerrier, chaman, etc.), son état (en deuil, dans une phase transitoire, etc.).

Il convient de rappeler que ces peintures corporelles jouaient aussi un rôle protecteur et permettaient d'intimider les adversaires ; enfin, un visage très décoré était parfois signe de courage et d'audace.

fique, il y eut aussi beaucoup d'autres expériences. Le coup de grâce a été porté par les conquistadores qui, en l'espace de quarante ans, ont exploré le pays, soumis et souvent ruiné les équilibres extrêmement fragiles de l'Amérique centrale et du Sud.

Au cours des siècles suivants la culture de l'Amérique du Nord n'a cessé de s'altérer, avec des guerres sanglantes d'où les natifs du pays sont sortis fortement éprouvés.

Les Américains d'origine ont proposé une religion, une mythologie et une philosophie de vie fondées sur la conviction que l'homme doit prendre grand soin de sa terre et essayer de vivre en harmonie avec elle. Ce modèle « théologique » est la base de la religion indienne, avalisée par certaines figures de référence dont la spécificité et surtout les noms changent d'une tribu à l'autre.

Les sociétés indiennes privilégiaient sur la culture orale : tout était transmis et appris à travers la tradition (et donc dans des formes très empreintes d'ésotérisme) ; en conséquence, la connaissance s'appuyait sur la relation jeunes/anciens. À l'évidence, c'étaient les vieux qui enseignaient des rites aux choses les plus simples : comment utiliser un arc, observer le ciel, interpréter les bruits de la nature.

Tout partait des mythes et d'un patrimoine fondamental, aujourd'hui disparu en grande partie.

Le sujet principal de cette religion était la nature, tenue pour le lieu où toute manifestation devient avant tout un signe de la grandeur de la divinité. Une attitude bien différente de celle qui caractérise l'homme moderne, souvent si stérile et indifférente face au grand spectacle de la nature dont, désormais, il ne perçoit que les aspects les plus superficiels.

La danse du Soleil

La danse du Soleil (son nom d'origine est *Wiwanyag Wachipi*, « Danse face au Soleil ») est une des manifestations les plus singulières de la culture rituelle des Indiens d'Amérique ; sa fonction occupe une grande place parmi les populations des Grandes Plaines (en particulier chez les Sioux, les Shoshoni, les Cheyennes, les Pieds-Noirs, les Arapaho, les Cree, les Crow, les Kiowa). Pratiquée à l'occasion du solstice d'été, il s'agissait principalement d'un rite de purification collective qui durait quatre jours et prévoyait le jeûne et l'autosacrifice, parfois à la limite du paroxysme.

Le danseur fichait sous la peau de sa poitrine de petites baguettes pointues, reliées à des cordes nouées à l'arbre sacré placé au centre de l'espace consacré où se déroulait ce rite sanglant. La douleur était aiguë et souvent les danseurs n'arrivaient à la supporter qu'en tombant en transes, avec étourdissements et visions, considérées comme des messages envoyés par les esprits.

D'après la tradition des Sioux, cette danse avait été enseignée aux hommes par un certain Kablaya (« Celui qui s'étend »), qui avait eu une vision où les esprits lui avaient fourni des indications pour accomplir ce rite correctement.

On pouvait se livrer à cette danse singulière à d'autres moments de l'année s'il fallait absolument interpeller les esprits pour avoir des informations de toutes sortes. La cérémonie, très complexe, présentait des variantes d'une tribu à l'autre ; dans tous les cas, on pratiquait l'autopunition sous diverses formes, telle l'observation du soleil, jusqu'à l'évanouissement.

Le gouvernement américain a interdit les phases les plus sanglantes du rite, limitant ainsi sa fonction sacrale primitive. Aujourd'hui, on se livre à la danse du Soleil à l'occasion de fêtes traditionnelles, et c'est l'une des plus grandes attractions pour les touristes.

La danse des Esprits

La « danse des Esprits » fit son apparition en 1870 chez les natifs d'Amérique du Nord ; son « prophète » le plus célèbre a été l'Indien Jack Wilson. Au cours d'un sommeil très profond, ce mystique aurait voyagé dans l'univers céleste et reçu l'ordre de prêcher une fois revenu sur Terre. Il s'agissait du message suivant : « Vous devrez exécuter une danse pendant cinq jours. Dansez quatre nuits de suite jusqu'au matin du jour suivant. Puis vous devrez vous baigner dans le fleuve et retourner dans vos maisons. »

D'un caractère extatique, la danse était menée par un maître qui, au centre, tenait entre les mains une plume d'aigle et un petit étendard ; quand les danseurs tombaient, exténués, on pensait qu'ils étaient en rapport avec les esprits qui leur donnaient des enseignements et des prescriptions. Les adeptes étaient convaincus que Jack Wilson était arrivé sur Terre en tant que fils des dieux pour punir les Blancs et rétablir l'ancienne domination indienne.

Plusieurs participants portaient des vêtements jugés dès lors à l'épreuve des balles, et certains soutenaient que tous les bisons tués allaient renaître avec les ancêtres. La plupart des Indiens voyaient dans ce retour des morts la possibilité de dépasser les Blancs en nombre et d'accroître ainsi leur force contre eux. Cela a alimenté des tensions eschatologiques, de plus en plus fortes, au point que le gouvernement américain décida d'interdire la *Ghost Dance Religion*, et le non-respect de l'interdiction a souvent nécessité l'intervention des troupes gouvernementales. Au cours des combats, le mythique Taureau-Assis trouva la mort, ce qui déclencha une révolte. Mais, comme on sait, les Sioux furent anéantis le 28 décembre 1890 lors de la bataille de Wounded Knee. Depuis, la danse des Esprits est l'écho d'une tradition perdue à jamais, où religion et désir de révolte s'étaient amalgamés avec une dimension rituelle unique.

Les secrets des chamans

Donner une définition rationnelle et détaillée du chamanisme n'est pas facile, car on y trouve des rites et des systèmes de symboles impossibles à situer à l'intérieur de paramètres définis *a priori*. Il y a trop d'hypothèses dénuées de fondement, trop de lieux communs ; par ailleurs, les informations objectives sont minces sur cette tradition rituelle où se mêlent des expressions très compliquées, marquées par des influences très différentes. De toute manière, le chamanisme ne doit pas être tenu pour une religion ; c'est plutôt un ensemble de croyances fondées sur un système idéologique propre ayant donné naissance à une conception particulière de l'univers.

Si l'on essaie de recomposer le panorama du chamanisme, il faut nécessairement étudier des sources très diverses dans le cadre des aires géographiques et ethniques. Toute évaluation implique une réflexion sur la culture spécifique qu'on entend analyser, sans s'aventurer dans des parallélismes ethnologiques imprudents, méthodologie fournissant depuis toujours de fausses interprétations.

Les capacités des chamans

En toungouse, *shaman* signifie « celui qui est bouleversé/entraîné par les esprits ».

Des manifestations surnaturelles (signes, apparitions, présences interprétés comme la démonstration concrète de la future charge de l'élu) annoncent la vocation du chaman ; aujourd'hui, certaines de ces manifestations relèvent de la psychiatrie. Le futur chaman n'a pas le droit de se soustraire à sa vocation et doit se soumettre à des épreuves initiatiques difficiles. Par la suite, il peut avoir à son service des animaux-esprits (au rôle symbolique important) et se servir du voyage extatique (dans l'outre-tombe ou dans des lieux lointains) comme d'un moyen magique et divinatoire. Toutes les cultures le mentionnent comme un être possédant des pouvoirs extraordinaires (qu'il utilise en général d'une manière positive) lui ayant été conférés par les esprits, et il a la possibilité de se changer en animal. Pour le déroulement de ses rites, il a recours à un ensemble d'attributs chargés d'un grand symbolisme, costumes (tendant au zoomorphisme) et instruments magiques (tambour, reliques, amu-

Gravure du XVIIIᵉ siècle représentant un chaman sibérien

lettes, etc.). D'après la tradition des pays où le chamanisme s'est affirmé, ces personnages étranges, à mi-chemin entre mystique et magicien, prêtre et guérisseur, seraient les derniers dépositaires d'un patrimoine ésotérique refusé à la majorité des gens.

En général, on croit que les chamans peuvent contrôler les forces naturelles et dialoguer avec les esprits ; surtout quand ils entrent en transe, leurs corps sont comme possédés (du fait des danses, des sons, de la méditation et de l'absorption de drogues). Au cours de cet état d'altération de la conscience, des effets physiques caractéristiques se manifestent (rigidité, transpiration, respiration difficile), rappelant les cas de possession et de médiumnité. Une fois entré en transe, le chaman prédit l'avenir, diagnostique les maladies, chasse les présences néfastes. Il réussit à comprendre si la maladie est due à la perte de l'âme ou à l'intervention d'un esprit méchant. Il peut exercer sa thérapie par un voyage extracorporel dans l'autre monde, où il arrache l'âme du malade aux esprits ; ou bien, aidé de ses esprits collaborateurs et de pratiques culturelles hétérogènes, le chaman effectue une

LE SYMBOLISME ÉSOTÉRIQUE

série d'opérations visant l'expulsion des mauvais esprits. En exploitant sa capacité à entrer en contact avec les âmes des morts, le chaman maîtrise des techniques extatiques et divinatoires qui le rendent supérieur aux autres. Il ne s'agit pas d'une simple pratique magique, mais d'acquérir la force surnaturelle, grâce à une quête continue de la connaissance, commencée sans doute quand l'espèce humaine cherchait à définir où elle se situait dans le grand univers de la nature.

À travers ses expériences extatiques, le chaman rencontre les esprits positifs, mais il peut aussi aller aux enfers et approcher les démons pour connaître le sort des âmes des morts. Au cours de ses voyages qui se déroulent symboliquement « à cheval sur son tambour », l'homme-médecine recherche l'âme d'un malade capturée par les démons ; puis, toujours avec l'aide de ses esprits collaborateurs, il essaie de redonner la santé à celui qui l'a perdue, en adoptant des techniques et des expédients de toutes sortes. Il joue aussi le rôle de psychopompe, soit d'accompagnateur du défunt dans l'au-delà ; il se soucie de son accueil et fait surtout en sorte que le spectre ne revienne pas au sein des vivants.

L'extase permet au chaman d'entrer en contact avec les puissances naturelles. Les transes sont une réaction psychogène, due à l'autosuggestion et au recours à des moyens artificiels (drogues ou narcotiques).

Le son du tambour, le chant, l'invocation des esprits sont typiques du premier niveau de l'extase, tandis que les actes imaginaires correspondent à une extase légère ; la stupeur et la catalepsie correspondent au stade final.

Les témoignages concrets dont on dispose présentent l'homme-médecine comme un personnage manipulant avec habileté les possibilités offertes par les esprits (aux formes souvent animales). En revanche, après son entrée officielle dans l'univers des chamans, le nouvel adepte ne sera plus jamais tourmenté par les esprits et saura les reconnaître sans problème. Dans l'ensemble, il joue un rôle positif même si, parfois – chez les Iakoutes, par exemple –, on distingue « chamans blancs » et

Objets rituels utilisés par les chamans

« chamans noirs » : les premiers intercèdent auprès des divinités célestes, les seconds auprès des démons. Mais en général c'est un personnage à deux faces qui l'emporte, agissant dans les deux sens, le plus souvent dans le but du bien de la collectivité.

Diffusion, origine et fonctions du chamanisme

En général, le chamanisme est corrélé à une région comprenant le centre et le nord de l'Asie, même s'il a peut-être subi l'influence des cultures palies de l'Inde, et s'étend sous une forme atténuée en Europe, sans doute par l'intermédiaire des Scythes et des Thraces, jusqu'en Grèce (où des motifs mythiques et rituels sont présents dans différentes traditions), et certainement dans le monde germanique. On retrouve en effet autour du dieu Odin une série de thèmes qui renvoient à l'initiation du chaman, révélant des liens surprenants avec le rituel symbolique typique de l'homme-médecine (définition récente du chaman).

Aujourd'hui, les spécialistes ne considèrent plus le chamanisme comme un phénomène religieux uniquement indo-européen, car on relève plusieurs caractéristiques de ces rites chez les Indiens d'Amérique du Nord et dans de nombreuses traditions de l'Océanie.

Le chamanisme originaire de Sibérie et d'Asie centrale a beaucoup conditionné celui d'Amérique du Nord et du Sud. Le chamanisme japonais a une autre importance, du fait de sa grande diffusion, encore de nos jours : il est plus difficile d'identifier les liens culturels entre le premier noyau asiatique et ses manifestations australiennes et océaniennes.

Si l'on souhaite lire le chamanisme en fonction des peuples et non des aires géographiques, il convient de spécifier que le phénomène (compris comme expérience extatique, symbolisée par des références aux mythes de la cosmogonie universelle) est une tradition typique des populations ouralo-altaïques (Bouriates, Samoans, Iakoutes, Toungouses, etc.) et de celles des régions arctiques européennes (Lapons). C'est à partir de ce noyau que le chamanisme s'est répandu dans d'autres régions.

Les sources les plus anciennes remontent au XIIIe siècle et proviennent des chroniques de voyageurs européens qui se sont aventurés en Asie et en Sibérie. Le choc avec les premiers missionnaires a donc été moins douloureux que celui qui a caractérisé l'évangélisation d'autres régions. Le pragmatisme du chamanisme se présente effectivement comme une pratique individuelle, sans lieux de culte, prêtres ou liturgie. Il s'agit d'un rituel complexe n'impliquant pas la religion, d'une expérience dont on trouve la trace chez les Australiens, les Chinois, les Indiens d'Amérique et qui, amalgamée à la culture et à la religion de chaque ethnie, révèle un contexte commun magique et symbolique à la fois.

Selon certains anthropologues, l'augmentation du nombre de chamans serait directement proportionnelle à la crise d'un groupe victime d'instabilité sociale. Le chaman servirait donc à ramener l'équilibre en « canalisant » les tendances névrotiques collectives. Il irait même jusqu'à intégrer le névrotique dans le groupe en attribuant à sa névrose un sens et une place tenus pour des avantages symboliques ou réels. Le chaman joue un rôle social important ; c'est une référence, surtout dans les sociétés dénuées de référents précis, pour assurer un rapport concret entre le commun des mortels et le surnaturel.

Sa grande force physique acquise lors du parcours initiatique, son pouvoir de contrôler les esprits et d'être le messager des dieux modèlent un personnage extraordinaire au sein de la vie traditionnelle et religieuse des hommes, toujours en quête d'aides supérieures pour se soustraire, justement, à leur condition de mortels.

Pour de nombreux spécialistes, le chaman, doué d'une forte personnalité, impossible à cataloguer, se dédie totalement à la vie et à une œuvre positive, sans jamais recourir à la magie noire.

La secte : le triomphe de l'ésotérisme

On dépeint souvent la secte comme une entité très fermée, fondée sur des secrets pour garantir l'unité du groupe qui se focalise souvent sur le leader, tenu pour la personne à laquelle on doit obéir aveuglément.

L'histoire des religions et de la culture est rythmée par des expériences de groupes ésotériques définis comme des sectes : leurs actions et leurs rites sont souvent décrits comme des pratiques en opposition très nette avec la religion dominante et la loi des hommes.

Les Thugs

Ainsi, les lecteurs des romans d'Eugenio Salgari[1] se rappelleront les Thugs des forêts indiennes. S'agit-il d'une fiction, issue de l'imagination d'un grand narrateur ou de l'écho d'une secte ayant vraiment existé ?

Salgari a puisé en effet dans les chroniques des explorateurs : les aventures des Thugs, qu'on retrouve dans *Les Mystères de la jungle noire*, sont en fait la transposition des usages de la secte dite Phansigar (« étrangleurs »), qui faisait partie intégrante – entre mythe et histoire – de la tradition indienne. Hérodote écrivait déjà que ses membres portaient un poignard mais aussi un lacet de cuir pour étrangler leurs ennemis.

Ces étrangleurs seraient arrivés en Inde lors de l'expansion arabe et se seraient organisés en secte ésotérique aux alentours de 800 apr. J.-C. ; ils étaient musulmans, mais leur religion était syncrétiste, avec la déesse Kali comme référence.

Cette divinité terrible aurait fondé la secte en apprenant aux adeptes à tuer leurs ennemis : poignards et massues auraient été faits avec les dents et les côtes de la déesse, associée à la mort et au mal.

---

1. N.d.t. : (1863-1911), romancier italien, auteur de livres hauts en couleur, en passions et en aventures évoquant le monde des corsaires, la jungle, la Malésie, Sandokan, etc.

Les Phansigars n'étaient pas une association de bandits mais un groupe religieux pratiquant des sacrifices humains. Après les homicides rituels, les membres se réunissaient pour célébrer le Tuponee, un banquet rituel où prières et autres pratiques consolidaient le groupe. Les Thugs connaissaient le Ramasi, un code secret transmis de père en fils et non accessible à qui n'était pas adepte.

La lutte engagée contre eux par les Anglais, aidés des fusiliers du Bengale, aboutit à la disparition de la secte, dont le caractère ésotérique important a été à l'origine de la perte de plusieurs de leurs secrets.

Les Assassins

La secte des Assassins est, elle aussi, très mystérieuse ; il s'agit d'un groupe originaire de Perse et d'autres secteurs du bassin méditerranéen, dont on ne connaît que quelques caractéristiques.

Leur nom vient certainement de l'arabe *Ha-shshsis-Shin*, « ceux qui prennent du haschisch » ; il semble en effet que prendre cette substance servait à donner du courage aux membres de la secte et à les soutenir.

D'après une autre tradition, ce nom viendrait de Hasan Sabbah, un homme jeune qui, guéri par miracle d'une maladie, rassembla autour de lui de nombreux adeptes pour rendre hommage à Dieu sous des formes ascétiques. Structuré comme une secte ésotérique, le groupe s'est ensuite organisé en une hiérarchie complexe. À la mort du leader, il y eut des luttes terribles pour sa succession, avec des fractures qui ont abouti à des factions, dont certaines se sont totalement éloignées de l'islam. « Assassins » devint synonyme de trahison, et une sorte d'aura mystérieuse entoura le groupe. Au Moyen Âge, du fait, sans doute, des traditions parvenues en Occident avec les croisades, la légende affirmait que cette secte œuvrait en Europe, payée par des hommes puissants dénués de scrupules.

Les sectes aujourd'hui

De nombreuses expériences ésotériques actuelles, surtout celles faisant référence aux traditions New Age, avec des formes et des pratiques syncrétistes, se conformant à la culture des sectes, qui attirent aujourd'hui de nombreux adeptes. Dans plusieurs pays, on parle beaucoup de ce phénomène, du fait de l'intérêt toujours plus grand des médias qui ont, bien sûr, accordé une grande importance à certains faits divers dramatiques (attentats dans le métro, suicides de masse).

On tend trop souvent à parler de « secte », même s'il ne s'agit que de manifestations rituelles collectives, sans le moindre aspect « noir » ni mystérieux. Il s'agit généralement de groupes où domine une recherche intérieure culturelle, ce qui n'a rien à voir avec les manifestations violentes et destructrices (rares, heureusement) de quelques expressions collectives. Par ailleurs, les affiliés ne subissent aucune acculturation (forcée ou non) et ne sont donc pas victimes de liens psychiques induits. Au-delà des différentes tendances spirituelles, rituelles et ésotériques de chaque secte, ouvertes à un éventail extrêmement vaste de tendances et d'orientations magiques et parareligieuses, ce qui frappe, c'est le succès remporté par ces centres, même dans cette société hypertechnologique et laïque qu'est la société occidentale.

En amont de la crise religieuse du monde industriel, il convient de placer les changements des besoins et des intérêts religieux personnels. On peut déceler d'autres causes – politiques et économiques, mobilité sociale et échanges, différences dues au développement interne du système religieux. Ces facteurs joueraient un rôle important dans l'orientation dynamique de la pensée religieuse et seraient les points principaux à examiner dans le cadre d'une étude visant à évaluer le rapport effectif entre l'homme contemporain et le sacré.

Le réseau complexe impliquant aujourd'hui les phénomènes religieux, qui les relie à des valeurs souvent diamétralement opposées, a peut-être déclenché des réactions négatives destinées à altérer un rapport équilibré avec le sacré. Tout fait ou phénomène social nouveau aboutit à désagréger la vie religieuse. En outre, valeurs religieuses et profanes sont souvent dangereusement proches et produisent des effets laïques aboutissant à des choix dont la dynamique culturelle semble ne trouver son harmonie que dans le syncrétisme de la secte.

Entrer dans une secte est parfois une réponse à la quête désespérée de l'extase, ce qui semble être l'une des motivations les plus fortes de ceux qui adhèrent à des groupes rituels. On peut rechercher le sacré à l'aide de moyens syncrétistes – de tradition magique ou religieuse – pouvant mener à un but mystique grâce à l'extase ; la drogue, la musique rock, l'art psychédélique, la contemplation et de longues périodes de jeûne peuvent aussi y conduire.

L'intégrisme des sectes se fonde sur un message ésotérique, vécu d'une manière pas toujours cohérente ; on remarque souvent des mélanges importants de traditions religieuses très différentes. On relève la persistance d'un syncrétisme de base, déterminant une attitude ésotérique et sectaire isolant du monde extérieur.

Il convient d'observer que le message de salut de la secte se manifeste à travers la découverte d'une tradition ésotérique intériorisée par l'individu, qui en fait un modèle existentiel lui permettant d'acquérir une dimension où il a le sentiment d'être partie d'un tout, fait à son tour d'harmonies cosmiques, incompréhensibles à ceux qui ne sont pas adeptes.

Considéré dans son ensemble, le phénomène des sectes est un processus qui détermine une acculturation des adeptes, lesquels, peu à peu, abandonnent leur culture d'origine, jusqu'à trancher tout lien avec le passé et principalement avec leurs familles.

En faisant bloc avec la nouvelle réalité culturelle de la secte, les adeptes pensent savoir à nouveau comment trouver un sens à la vie, un sens perdu dans le gouffre du quotidien où toute expérience, toute action, finit par ne plus avoir d'histoire, par se consumer dès qu'elle a lieu.

La secte devient ainsi une voie, une opportunité pour sortir du tourbillon contemporain et trouver (ou retrouver) un équilibre cosmique par le biais d'une dimension sacrée que notre civilisation a mise de côté.

Le symbolisme ésotérique de l'architecture

Le lien entre l'architecture (surtout les grandes cathédrales) et l'ésotérisme fait partie intégrante de la culture européenne. En suivant le filon du symbolisme, il est difficile de ne pas se laisser aller à des interprétations et à des hypothèses, dans certains cas à la limite de l'outrance. Même en architecture, l'homme tend à tout ramener à lui : il observe les phénomènes, les juge et les dépasse par la métaphysique, jusqu'à sacraliser le rapport entre univers réel et imaginé.

Gravure du XVIIIᵉ siècle représentant la façade de la cathédrale de Notre-Dame de Paris

Les monuments du passé : des « livres de pierre »

Comment ne pas envisager la possibilité que même un hasard apparent est l'occasion d'un approfondissement intérieur, en vue d'une évaluation plus critique et aussi plus ample de notre rapport entre être et paraître, ce qu'on est et ce qu'on voudrait être ? L'œuvre devient donc un élément dialectique important pour construire la Parole et former la langue sacrée qui, paradoxalement sans doute, suppose un itinéraire quasi initiatique, rythmé par les phases de la construction architecturale. Cependant, pour Fulcanelli, la langue, instrument de l'esprit, vit d'elle-même, même s'il ne s'agit que du reflet de l'Idée universelle. Selon lui, nous n'inventons rien, nous ne créons rien. Tout est dans tout. Notre microcosme n'est qu'une particule infime, animée, pensante, plus ou moins imparfaite du macrocosme et ce que nous croyons découvrir grâce aux efforts de notre intelligence existe déjà quelque part ailleurs.

Apparemment, cette indication de Fulcanelli est une clé pour accéder à l'hermétisme autour du binôme forme-symbole. On ne sait pas grand-chose sur ce chercheur, dont même l'identité continue d'être un objet de débats et paraît entourée d'une aura impénétrable. Il a incontestablement ouvert une voie à l'interprétation des messages « écrits » avec la pierre et « orchestrés » dans l'ensemble architectural, offrant une série d'opportunités, d'approfondissements qui, une fois évalués avec le plus grand rationalisme, déconcertent et obligent à penser. Dans l'analyse architecturale, la réflexion ne peut faire abstraction d'une série d'hypothèses symboliques, proposant à l'observateur attentif un itinéraire de Connaissance. À plus forte raison, un phénomène de ce type se produit dans l'architecture sacrée, dans la mesure où le moindre détail de la construction vise à suggérer un parcours orienté vers la renaissance, la démolition du statut de la mort. Selon les spécialistes en ésotérisme et en alchimie, ce parcours est à double face sur le plan symbolique : on peut l'évaluer tant du point de vue du message chrétien que de celui de la culture.

L'ESPACE SACRÉ : DU RAPPORT SYMBOLE-FORME…

Il ne faut pas considérer l'espace sacré de l'architecture uniquement comme une œuvre à la gloire du christianisme, il convient plutôt de voir en lui une agglomération d'idées, de tendances, de croyances populaires, un ensemble parfait auquel se référer chaque fois qu'on éprouve la nécessité d'approfondir la pensée des ancêtres dans tous les domaines : religieux, laïque, philosophique, social.

Les grandes cathédrales étaient principalement un lieu de rencontres où, bien sûr, on célébrait des événements qui rassemblaient des milliers de fidèles venus parfois de très loin. Dans les espaces contigus, il y avait des marchés, des manifestations profanes, des représentations théâtrales. Souvent, le centre du sacré était entouré d'un aire où l'humanité quotidienne s'exprimait librement. Peut-être pour créer un certain isolement qui les séparât des « choses du monde », avec leurs formes hardies qui continuent de poser des problèmes de construction, les cathédrales avançaient une justification symbolique considérable, rythmée par un langage décoratif, mais uniquement en apparence. L'architecte médiéval atteignait son but idéal quand l'harmonie des masses de sa construction faisait partie intégrante d'un projet symbolique, pas toujours évident à première vue.

Effectivement, même si, d'emblée, le décor des cathédrales (en particulier les sculptures, les vitraux et les fresques) devait exprimer les contenus du sacré grâce à une langue commune, les choses ne se limitaient pas toujours à cette première interprétation. Outre le niveau épidermique faisant des cathédrales une espèce de « Bible des pauvres », il y avait un langage ésotérique accessible seulement à certains adeptes. Dans une telle optique, les textes

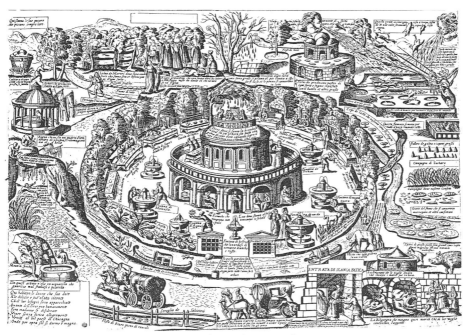

Construction allégorique sur une gravure datant du XVIIe siècle

apocryphes, les légendes sur la vie des saints, les connexions avec la tradition philosophique classique ont joué un rôle important. À l'évidence, ce patrimoine de connaissance « autre » n'était pas connu de tous, et, donc, en lui donnant une forme à travers le langage artistique, on aboutissait à un système de communication complexe, accessible à de rares personnes.

... AU RAPPORT SYMBOLE-MATHÉMATIQUE

On considérait d'autres niveaux de connaissance, liés au rapport symbole-mathématique, dans la construction des grands édifices. En architecture, le symbolisme ésotérique s'exprimait par l'apparence du décor ou de la forme mais traitait souvent ses formulations en prenant en compte les aspects géométriques et physiques de la cathédrale : sa situation par rapport au centre habité, le lien avec les sites du culte païen, les liens compliqués entre mathématiques et philosophie, exprimés par des règles que seuls quelques ésotéristes connaissaient, comme les théories élaborées et suggestives du « nombre d'or ».

Des modèles issus de la nature, de la science, de la philosophie et de l'histoire ont fait partie du décor des cathédrales, outre les thèmes typiques de l'art religieux chrétien. Il y eut aussi une forte influence des bestiaires[2]

---

2. Recueils médiévaux avec des descriptions d'animaux, réels ou imaginaires, suivies de commentaires moralisateurs ou de courts récits.

Le symbolisme ésotérique

et de l'univers immense et mystérieux constitué par les êtres mythiques monstrueux, au symbolisme illimité.

À ce point, on serait en droit d'objecter que les cathédrales étaient le résultat d'une action collective et qu'il est difficile de penser que ces grandes constructions devaient cacher des secrets ésotériques que seuls certains connaissaient. En fait, il n'y avait pas beaucoup de « têtes pensantes » à la base de cette structure. Le maître d'œuvre, dont dépendaient tous ceux qui travaillaient à la cathédrale, dirigeait le travail en suivant un projet auquel avaient contribué d'une manière déterminante un ou plusieurs ordres religieux.

Le langage extraordinaire du gothique, capable de donner la parole à la pierre, a incontestablement contribué à rendre encore plus mystérieux le symbole des cathédrales. Ajoutons à cela que les bâtisseurs de cathédrales, organisés en loges, ont été décrits comme des groupes fermés, devant diffuser les secrets des connaissances acquises et transmises sous une forme ésotérique.

Pour éviter des lieux communs trop répandus, il faut dire que souvent la concurrence imposait le secret autour de certaines techniques de construction : l'ampleur du marché alimentait sans doute un esprit de caste et une tension visant le monopole des compétences.

Dans les traités d'ésotérisme, l'architecte est souvent représenté comme un alchimiste qui construit d'abord le plan intérieur, puis le plan concret.
Cette gravure du XVIIe siècle montre deux personnages en train de tracer les bases de leur construction sur l'Arbre de la Connaissance

L'ésotérisme, « amplificateur » du sacré

S'il ne faut pas exclure *a priori* une volonté ésotérique dans les constructions des cathédrales, il est impensable que derrière chaque édifice il y ait un projet exclusivement symbolique.

Aujourd'hui encore, les cathédrales sont un « mystère » ; si nous devions aujourd'hui construire les cathédrales gothiques avec les moyens dont ils disposaient et les techniques utilisées, nous n'en serions pas capables : plus exactement, même si nous connaissions dans les détails leurs techniques de mise en œuvre, nous n'aurions pas le courage de le faire.

Ce courage vient surtout de la conscience du rôle important du sacré et des lieux où il s'exprimait avec le plus de puissance. La cathédrale était un « amplificateur » du sacré, grâce à l'exploitation des connaissances ésotériques et à la contribution fondamentale de la pensée mystique. En opposition au modernisme, le langage ésotérique suggère une continuité de la connaissance, avec des expériences parfois très différentes dans l'espace et le temps, mais reliées par la Tradition.

L'ésotérisme des cathédrales se situe dans le langage archaïque, peut-être commun, qui a « donné une parole » à leurs formes. Ses symboles sont des archétypes et des traces profondes de notre savoir commun, visualisés à travers la géométrie et le décor : des connaissances sans doute endormies par le modernisme, mais pas oubliées, comme le démontre la psychanalyse jungienne, qui a souligné l'importance du symbolisme inconscient, patrimoine de toute l'humanité.

Dans ce sens, il ne faut pas oublier que, même autrefois, construire un édifice était une sorte de rite sacré pour favoriser le dialogue avec l'éternel. De plus, dans l'interprétation fondamentale du rapport entre micro et macrocosme, la cathédrale représente l'homme : l'abside est la tête, les nefs, le corps et les membres inférieurs, la croix, réalisée par l'intersection du transept et de l'axe longitudinal, les bras, alors que l'autel représente le cœur.

Par ailleurs, l'élan vers le haut de la structure exprime symboliquement l'ascèse mystique de l'homme vers Dieu, grâce à l'apothéose des formes.

Conscient du rôle mystique de la géométrie, Platon écrivait : « La géométrie est connaissance de ce qui est toujours […], elle pourrait servir de treuil à l'âme pour la lancer vers la vérité. »

L'ARCHITECTURE GOTHIQUE EN TANT QUE LANGAGE ÉSOTÉRIQUE

Même s'il continue à susciter les critiques de la science, qui souligne son absence totale de crédibilité, le symbolisme ésotérique des cathédrales sera toujours un sujet qui éveillera l'attention des passionnés d'histoires alternatives.

Si les Statuts des corporations interdisent de les révéler, les secrets des loges maçonniques il n'y a aucune raison de supposer qu'ils contenaient quelque chose de plus ésotérique qu'une observation ou une discussion de loge qu'il serait imprudent de communiquer, ou des secrets de technique ou de fabrication concernant, par exemple, le dessin d'un arc ou la façon de poser une pierre avec son grain tel qu'il était dans l'alvéole rocheuse.

Les connaissances médiévales, l'alchimie, la cabale et l'astrologie n'ont sans doute pas été ignorées par les concepteurs et sont partie intégrante des cathédrales, surtout au niveau du décor. La représentation symbolique a cependant plusieurs facettes, et il ne faut pas oublier que le sens attribué aujourd'hui à un symbole ne correspond pas toujours à celui qu'il avait il y a sept cents ou huit cents ans. Pour accepter un langage commun, il faut faire abstraction d'une attitude rationaliste et se laisser guider par l'interprétation

D'après certains ésotéristes, les lignes harmonieuses de l'architecture du Moyen Âge avaient un lien avec la musique, dont le langage pouvait être interprété seulement par un nombre limité d'adeptes

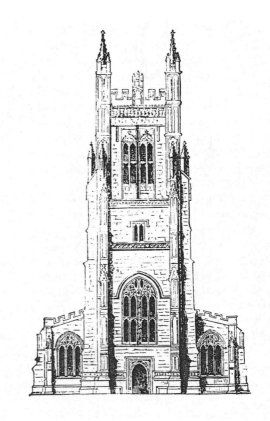

ésotérique qui exploite la Tradition.

On entend par Tradition le courant de pensée qui considère l'expérience de l'homme comme une transcendance immanente, tenue pour force agissant depuis le haut dans telle ou telle autre aire, ou dans tel ou tel autre cycle historique, de façon que les valeurs spirituelles et supra-individuelles président à la naissance et au développement de civilisations, dans l'ordre et les modalités avec lesquels cette force s'est manifestée à travers l'action formatrice d'un ordre suprasensible : axe et point suprême de référence en vue de l'organisation générale.

L'interprétation traditionaliste a amené à une conception étrange du terme « gothique ». L'art gothique serait une dérivation d'« argotique ». Si l'on cherche dans n'importe quel dictionnaire, on découvre que l'argot est un ensemble oral de mots utilisé en général par une communauté pour que les autres ne la comprennent pas.

L'art gothique, qui a bouleversé l'art roman et son caractère statique, en imposant aux formes une dynamique extraordinaire, serait donc l'expression d'un langage secret, une sorte de jargon pour de rares initiés ? Cette hypothèse serait la plus accréditée dans les milieux ésotéristes mais elle s'oppose bien sûr à l'interprétation rationnelle des historiens. Si l'on continue à suivre la voie de l'ésotérisme, on trouve une autre thèse sur l'origine du mot « gothique ». Gothique viendrait de *goezia*, magie, du grec *goes* : sorcier, *goétis* : sortilège, *goétéou* : fasciner. C'est un art tendu vers le maléfice, la machination. Le terme est sans ambiguïté. Il y aurait beaucoup à dire sur ce maléfice, cette machination, cette soumission à la voûte : le passage du linéaire à la courbe, d'une géométrie linéaire, terrestre, à une géométrie courbe, cosmique... Ne retenons que l'idée d'action magique. Il s'agit d'un art « goétique ».

Le mystère reste entier... Pour clarifier certains concepts exprimés jusqu'ici, il est intéressant d'évoquer trois cas particulièrement significatifs d'une architecture où le symbole est évident : Castel del Monte de Andria (province de Bari, en Italie), la cathédrale de Chartres et l'église de Saint-Jacques-de-Compostelle.

Castel del Monte

Bien plus qu'un château, c'est un véritable roman policier historique. Huit siècles après sa création, c'est toujours un mystère. Posé comme une fleur de pierre au cœur de la campagne ensoleillée d'Andria, cet édifice ne présente aucune des caractéristiques du château défensif : pas de pont-levis, pas de fossé, pas d'avant-postes ni de bastions. Dedans, il n'y a pas d'écuries, de chambrées, de cuisines, d'offices, de prisons, de souterrains. Tel qu'il est placé, il ne contrôle aucune position stratégique ni passage obligé.

On ne peut s'empêcher de se demander : à quoi servait-il ? Personne ne le sait. Historiens comme historiens de l'art hésitent en admettant que, si l'on parle de Castel del Monte, on se trouve contraint d'oublier un instant tout rationalisme et de laisser place à la dimension symbolique.

Parmi les théories les plus répandues, on trouve celle selon laquelle c'était la résidence de chasse du roi Frédéric II de Suède. Mais, dans ce cas aussi, il est difficile de se soustraire à la raison : cette construction ne peut être une résidence de chasse ni un *domus* destiné aux « délices », car elle ne comporte que seize pièces

Selon les ésotéristes, la construction d'un édifice coïncidait avec une expérience symbolique présentant plusieurs facettes sur le plan intérieur. Sur cette gravure, la construction du temple indique une sorte d'itinéraire initiatique conduisant à la perfection

Architecte ésotériste représenté symboliquement

toutes semblables, anonymes et dépourvues aujourd'hui de meubles et de tapisseries, à l'évidence, une résidence trop spartiate pour la cour cultivée de Frédéric II, qui, en déplacement, amenait souvent avec lui poètes et animaux exotiques, philosophes et occultistes. Aucun nom d'architecte ; on sait seulement que des moines cisterciens français ont contribué au projet, ce qui est étrange si l'on pense à la façon dont la papauté considérait Frédéric II : excommunié plusieurs fois et tenu carrément pour l'Antéchrist !

On sait avec certitude que Castel del Monte n'a jamais été habité, encore moins par le roi de Suède, qui, d'après certaines sources, serait mort avant la fin de la construction. Considérons toutefois ce curieux édifice avec plus d'attention pour voir si l'on y trouve effectivement des traces de ces « courants » ésotériques mentionnés comme la « lymphe » de ce grand monument.

Il faut avant tout souligner un fait important : le château est visible depuis n'importe quelle direction. Une caractéristique non négligeable, à mettre peut-être en relation avec le souhait de faire de l'édifice un message de puissance, d'autorité, de souveraineté clair et fort. Ce n'est pas un hasard si sa structure est octogonale, une forme rappelant la couronne. De plus le chiffre 8 joue un rôle symbolique important dans la mesure où il est très lié au sacré et en particulier à la religion chrétienne (voir page 127).

Castel del Monte se présente sous une forme octogonale répétée trois fois. Il est significatif qu'en ajoutant aux huit côtés, sur lesquels s'appuient les murs du périmètre, les quarante-huit côtés des tours, on obtient cinquante-six, la durée de la vie de Frédéric II. Il s'agit sans doute d'un hasard, mais les hypothèses à caractère astrologique ne manquent pas ; il convient toutefois de les examiner avec beaucoup de prudence. N'oublions pas que le périmètre du château mesure aussi cinquante-six mètres.

À l'origine, l'édifice était décoré de sculptures, de marbres, de mosaïques contribuant à alimenter d'une manière significative le « message » contenu entre les murs de cette œuvre singulière.

Ayant de nombreux détails symboliques, mathématiques, géométriques, archéo-astronomiques et géométriques, Castel del Monte pourrait être un lieu « philosophique », l'emblème d'une conscience ésotérique révélant une connaissance de base à la fois très raffinée et très vaste, même s'il n'est pas évident de la repérer dans sa totalité.

Au XIXe siècle, on a démoli une grande vasque octogonale munie de sièges située à l'intérieur d'un enclos, octogonal lui aussi, à l'extérieur du château. Cette vasque était conçue comme un grand gnomon (tige du cadran solaire utilisé pour mesurer le temps d'après la longueur des ombres dues au soleil).

U. Cordier explique qu'au moment du Capricorne (décembre, solstice d'hiver), l'ombre théorique (car elle est arrêtée par la hauteur des murs) serait arrivée au pourtour extérieur ; avec le Verseau et le Sagittaire (janvier et novembre), l'ombre théorique coïncide avec la circonférence dans laquelle s'inscrit le château, y compris les tours et les socles ; lors du Poisson et du Scorpion (février et octobre), l'ombre trace le plus grand périmètre des salles ; pendant le Bélier et la Balance (mars et septembre, équinoxes de printemps et d'automne), l'ombre (visible désormais) tombe juste dans la largeur de la cour intérieure ; à l'époque du Taureau et de la Vierge (avril et août), elle touchait sans doute le bord nord de la vasque octogonale disparue aujourd'hui ; avec les Gémeaux et le Lion (mai et juillet), elle définissait les sièges extérieurs ; enfin au moment du Cancer (juin, solstice d'été), l'ombre arrivait au bord sud de la vasque.

Sous certains aspects, il semblerait que les architectes de Castel del Monte aient été le soleil et le zodiaque, à l'évidence personnages principaux dans le tracé de l'édifice apparemment si simple, mais caractérisé par une orchestration, complexe mais équilibrée, de nombres et de formes.

C'est effectivement dans sa structure qu'apparaît le « nombre d'or ».

On retrouverait le nombre d'or à Stonehenge, dans la pyramide de Khéops et la cathédrale de Chartres. À Castel del Monte, il serait présent d'une manière extraordinaire et particulièrement claire.

D'après des spécialistes en symbolisme architectural, pour se faire une idée de la façon dont fut pensé l'édifice, il faut d'abord tracer sur le sol quatre rectangles selon le nombre d'or (rapport de 1,618 entre le côté le plus grand et le plus petit). La longueur aura donc 35,60 mètres et la largeur 22 mètres. Au centre des rectangles, on dessinera un octogone et avec un autre on obtiendra la périphérie. Telles seront les parois des salles du château. Les 22 mètres de large correspondent à 40 cubitus sacrés, de 55 centimètres chacun, à savoir la mesure adoptée par Salomon pour la construction du temple de Jérusalem.

Dans la tradition biblique, 40 est un chiffre important : c'est la durée du déluge universel, les jours passés par Moïse sur le Sinaï, le jeûne du Christ dans le désert, le temps entre la Résurrection et l'Ascension. Un chiffre qui renvoie à l'attente, à la pénitence, à la méditation. Le secret de Castel del Monte est peut-être dans ce chiffre. L'édifice aurait dû être un lieu sacré, consacré à la réflexion, à l'isolement, à l'éloignement des biens matériels et au triomphe de la pensée dans le calme de la campagne.

Le nombre d'or

D'après les spécialistes en ésotérisme, le nombre d'or (1,618) était le rapport magique qui déterminait le corps humain. Si l'on multiplie par 1,618 la distance entre le nombril d'un adulte et le sol, on obtient sa taille ; si l'on multiplie par 1,618 la distance du coude aux doigts tendus de la main, on a la longueur du bras. Le nombre d'or donnerait aussi les proportions du monde animal et végétal.

Ce nombre est à relier au rapport pythagoricien entre mathématique et harmonie musicale, d'où est partie l'idée d'une beauté possible à exprimer par un rapport numérique, et la section d'or définie par les Grecs comme « divine proportion ». Trouver la section d'or d'un segment (AB), c'est repérer un point, C, de manière à élaborer la proportion suivante, $AC : CB = CB : AB$. Cela revient à ce que la partie la plus petite soit, par rapport à la plus grande, comme cette dernière à l'intérieur de l'équation.

Cette théorie provient du besoin de l'homme, inné et enraciné, de trouver un ordre dès la simple sensation, qui, d'après les dernières recherches de la psychologie, est une activité mentale en mesure de structurer, de synthétiser et de proportionner la complexité hétérogène du monde réel.

De plus, le plan contenu dans un schéma fait de deux rectangles orthogonaux au nombre d'or croise deux autres rectangles à 45 degrés. Dans les salles en trapèze, le côté le plus grand est au nombre d'or par rapport au plus petit, et la largeur est égale au plus petit côté divisé par la racine carrée du nombre d'or. Certains rapports sont tout aussi évidents concernant le portail.

Castel del Monte pourrait donc être une sorte de « laboratoire de la pensée », conçu sur des bases très marquées par le sacré, à l'intérieur duquel le personnage principal était la *philosophia universalis*, si chère à Frédéric II.

Présence énigmatique que cette structure de pierre claire, brûlée par le soleil : expression typique d'une culture médiévale qui cache sans révéler, et qui tenta de communiquer des vérités anciennes, dont plusieurs étaient encore dans le cocon d'un ésotérisme impénétrable et obscur à la plupart d'entre nous.

La cathédrale de Chartres

Au bord de l'Eure et à moins de cent kilomètres de Paris, la ville de Chartres est un écrin contenant l'un des documents les plus emblématiques de l'architecture médiévale : sa cathédrale, écrin elle aussi de symboles et de références ésotériques autour desquels circulent depuis des siècles des théories et des interprétations suggestives.

Avant l'arrivée des Celtes et de leurs traditions, les habitants de la région avaient construit un dolmen fermé par un tumulus de terre, considéré pendant longtemps comme un lieu sacré, doté d'une énergie très forte, susceptible de guérir.

Sur place, on raconte qu'ensuite les druides, les prêtres des Celtes (voir page 38), avaient installé autour de ce dolmen un de leurs centres les plus importants en relation – à en croire les spécialistes en ésotérisme – avec les « courants telluriques » favorables de la région.

D'après des sources apocryphes, les druides eurent la vision prophétique d'une vierge sur le point d'accoucher : on grava une effigie en bois de poirier représentant cette femme mystérieuse et son enfant, et on l'installa dans le monument de pierre.

À l'arrivée des premiers chrétiens (IIIe siècle), ces derniers trouvèrent la statue noircie par le temps et la vénérèrent comme une Vierge noire. L'église construite sur le site fut consacrée à la Madone, comme tous les autres édifices suivants.

La cavité où l'on installa la Vierge fut dite « Grotte des druides » et annexée à l'église. Pour des raisons que nous ne connaissons pas, le site a été appelé également le « Puits des forts ».

Six églises ont été construites au même endroit : les cinq premières ont été détruites par des incendies, et sur la dernière, l'église gothique parvenue jusqu'à nous, on n'a pas d'informations sûres. Les sources sur cette réalisation imposante sont effectivement très rares, ce qui, bien sûr, n'a pas manqué d'alimenter largement la tradition légendaire.

La première église a été brûlée en 743 et les Danois ont mis le feu à la deuxième en 858 ; la troisième et la quatrième ont brûlé respectivement en 902 et en 1020, la cinquième en 1194.

Le début de l'histoire de la cathédrale gothique est lié au personnage de Bernard de Clairvaux, fondateur de l'ordre des Cisterciens, animateur des templiers. La référence à cet ordre chevaleresque très singulier est importante car c'est justement à partir du retour des templiers de Terre sainte (1128) qu'en France on réalisa environ quatre-vingts monuments gothiques en l'espace d'un siècle.

On pense que les templiers sont à l'origine du gothique. Une thèse suggestive, pleine d'ésotérisme et de mystère, mais difficile à démontrer.

Pour certains, Chartres serait l'une des expressions les plus emblématiques de leurs connaissances, habilement exploitées par les Cisterciens, des hommes très cultivés, capables de codifier en architecture le savoir apporté en Europe par les chevaliers du Temple.

Nous ne saurons sans doute jamais avec précision comment les choses se sont passées. Il est certain qu'après l'incendie de 1194, en trente ans seulement le chantier de Chartres a été en mesure de réaliser un édifice extraordinaire, destiné à fasciner par ses qualités esthétiques, celles liées à la dévotion et, bien sûr, ses qualités intellectuelles.

Selon les spécialistes en symbolisme, toute la structure de la grande cathédrale, son orientation et son emplacement attirent aussitôt l'attention des personnes particulièrement sensibles aux aspects ésotériques de l'architecture.

Ainsi, le centre de la construction tombe entre la deuxième et la troisième travée du chœur, ce qui coïncide avec le point où se trouvait l'autel d'origine, déplacé au XVIe siècle ; le puits souterrain a son niveau d'eau à trente-sept mètres de profondeur sous l'autel. Au-dessus, à la même distance, il y a le pinacle de la voûte où, avec une extraordinaire légèreté, se rencontrent les ogives croisées.

Parmi tous les autres mystères de cette cathédrale, rappelons l'énorme plaque de pierre rectangulaire, énigmatique, placée à l'oblique par rapport aux pierres du sol de l'aile ouest du transept méridional. Il est particulièrement intéressant d'observer qu'à midi, le jour du solstice d'été, un rayon de soleil entre à travers une petite partie incolore d'un vitrail représentant saint Apollinaire et éclaire la plaque de pierre avec une précision surprenante. Tout cela permet de supposer qu'entre l'architecte, le maître vitrier et le tailleur de pierres il y ait eu un accord fondé sur des connaissances astronomiques qui, pour des raisons symboliques, ont été incontestablement prises en considération.

Il convient aussi de rappeler que le plan de la cathédrale a été conçu au nombre d'or (1,618, voir page 99) : les distances entre les colonnes, les longueurs des nefs, des transepts et du chœur sont toutes des multiples du nombre mythique.

Autre nombre dominant : le 72. D'après l'astrologie, tous les 72 ans, le Soleil se déplace d'un degré dans le Zodiaque. De plus, selon une légende celtique le temple du Graal avait 72 chapelles. On retrouve le même nombre au niveau des pierres utilisées pour combler la rosace de la cathédrale de Chartres.

Dans l'ensemble important des décors sculptés de la cathédrale, certains voient des traces pour repérer l'Arche d'alliance, d'après la légende ramenée en Occident par les templiers. Selon Louis Charpentier, sur le portail nord de Chartres, celui dit des initiés, il y a deux petites colonnes sculptées en relief : l'une avec l'image du transport de l'Arche par des bœufs, portant l'inscription *Archa cederis*, l'autre avec l'Arche qu'un homme recouvre d'un voile, ou qu'il saisit avec un voile, à côté d'un tas de cadavres, parmi lesquels on distingue un chevalier en cotte de mailles ; le commentaire est *Hic amititur Archa cederis* (*amititur* sans doute pour *amittitur*). Il s'agit, à l'évidence, de scènes bibliques. On trouve le transport de l'Arche et sa perte lors de la bataille contre les Philistins. Toutefois, sans vouloir faire un rapprochement sans doute hasardeux avec une Arche transportée par les templiers, on pourra signaler un fait étrange : l'arche en question est un coffre à roues, avec des harnais en fer tirés par des bœufs, contrairement à ce qu'on lit dans les écritures : ils mettent l'Arche de Dieu sur un nouveau chariot et ils l'emportent. Il n'y a pas d'autres preuves du transport de l'Arche en France, de l'Arche ou d'une copie, si ce n'est celles qu'on ne peut pas voir, car on a devant soi les cathédrales gothiques.

D'après les mystiques, pour percevoir totalement l'immense énergie de la cathédrale de Chartres, le fidèle doit avancer pieds nus jusqu'au labyrinthe inscrit dans les plaques du sol, et suivre ses circonvolutions pour atteindre le centre : c'est un rituel qui revient plus souvent qu'on ne croit au cours des quatre célébrations annuelles en l'honneur de la Vierge.

Chartres est un des lieux où, comme l'affirment ceux qui respectent la Tradition, « souffle l'esprit », où le sens du divin se développe avec plus de force et où l'être fait à l'image et à la ressemblance de Dieu arrive à établir un contact effectif et concret avec l'essence effective du sacré.

Saint-Jacques-de-Compostelle

L'église de Saint-Jacques-de-Compostelle, le but du grand pèlerinage, est un merveilleux exemple d'architecture romane, dénaturé en partie par les remaniements qui ont masqué sa structure principale, surtout à l'époque baroque.

L'édifice actuel – voulu au XIe siècle par Alphonse VI, roi des Asturies – a été confié au maître français Bernard, afin qu'il réalise ce qu'on considérait alors comme le prototype de l'église des pèlerins. Effectivement, les dimensions importantes en font un lieu capable d'accueillir des milliers de fidèles pouvant se répartir tout au long des nefs qui se prolongent et se multiplient en largeur, éclairées par la lumière en provenance des fenêtres et de la coupole.

L'église conserve jalousement les reliques de saint Jacques, à l'origine d'un culte qui a attiré des milliers de fidèles.

D'après la tradition médiévale, de nombreux pèlerins venaient à Saint-Jacques parce que ce dernier leur était apparu en rêve et les avait exhortés à le rejoindre : « Viens, suis-moi en Galicie », c'est ainsi que le saint s'adressait aux hommes pour les inciter à aller où se trouvait son sépulcre, en ce point extrême, à l'ouest, entre les montagnes.

Dans le passé déjà, le mystère et une grande tradition ésotérique caractérisaient ce lieu. La découverte de la tombe remonterait à l'année 813 et serait attribuée à un ermite, Pélage. Cela suscita une forte émotion, au point que l'évêque Théodomire décida de transférer son siège dans le *lugar santo*, où l'on construisit petit à petit la ville de Saint-Jacques.

D'après une autre version, c'est un paysan qui découvrit la sépulture du saint, plus exactement ses bœufs : ces derniers s'arrêtèrent sans raison dans le champ qu'ils labouraient, alors qu'une étoile apparaissait dans le ciel et qu'un rayon puissant indiquait un point au sol. On creusa et l'on découvrit la tombe. Depuis, l'endroit fut dit *campus stellae*, « champ de l'étoile », d'où viendrait « Compostelle ».

D'autres sources nous apprennent que Jacques a été le premier apôtre du Christ à être martyrisé, le seul avec Pierre dont les reliques aient été retrouvées en Occident, loin de la Terre sainte. L'hagiographie le décrit comme un prédicateur en terre ibérique, où il apporta le Verbe en faisant des milliers d'adeptes.

Avant l'an 1000, pour le royaume des Asturies – un avant-poste militaire en guerre avec les régions voisines, musulmanes –, avoir les reliques du saint était un plus, visant à donner du courage aux chrétiens contre l'islam. Pour la chrétienté, la force de ce patrimoine a dû être considérable : on raconte que le vizir arabe Al-Mansour n'osa le prendre ou le violer lors du sac de Saint-Jacques.

L'aura sacrée de ce lieu s'est sans doute accentuée durant les croisades ; en 1095, le pape Urbain II fit de Saint-Jacques un siège épiscopal et, sur le plan laïque, le roi des Asturies attribua de nombreux privilèges et des rôles officiels à la ville. Par ailleurs, comme il fallait donner un signe tangible de la christia-

LA COQUILLE SAINT-JACQUES

Les pèlerins, après s'être rendus au sanctuaire, avaient l'habitude d'aller jusqu'aux côtes de l'Atlantique (peut-être pour y contempler les limites de l'Europe) pour y ramasser des coquillages (la coquille Saint-Jacques tire son nom du saint), devenant ainsi le souvenir de quiconque va à Saint-Jacques-de-Compostelle.

Aujourd'hui encore, la coquille est une représentation symbolique très répandue dans la tradition ésotérique de nombreuses cultures, si diverses soient-elles. Par exemple, la coquille, dans le bouddhisme chinois, est un talisman très important. La signification positive tient peut-être au fait que, étant un symbole associé à l'eau, elle est source de pureté et de fertilité. En effet, au niveau allégorique, les pèlerins, au cours de leurs voyages vers les sanctuaires, se purifiaient spirituellement et étaient prêts à accueillir le Verbe.

La coquille, selon certains ésotéristes, symbolise la mort et la renaissance ; là aussi, on peut faire un rapprochement avec les « voyageurs de Dieu », qui, au cours de leurs voyages, laissaient « mourir » une partie d'eux-mêmes, celle en rapport avec le matérialisme, et renaissaient après avoir pris connaissance de la grandeur du divin dans les hauts lieux de la chrétienté.

nisation du lieu qui avait échappé à l'invasion musulmane, on entreprit la construction d'une grande cathédrale, focalisation des pèlerinages qui amenaient toujours plus de fidèles vers la dépouille de saint Jacques.

De toute l'Europe – même de l'Orient chrétien –, on arrivait à Saint-Jacques en suivant un parcours, le « chemin de Compostelle » (dit aussi la Voie lactée), avec des hôpitaux, des abris, des églises et des abbayes le long de ses mille derniers kilomètres.

Ainsi, Saint-Jacques-de-Compostelle devint un des buts principaux de pèlerinage, comme Rome et Jérusalem, centres historiques du culte universel.

En 1120, le pape Calixte II accorda une indulgence particulière, garantissant le paradis aux chrétiens morts éventuellement au cours du pèlerinage, qu'ils soient ou non parvenus à destination : autre signe très précis de la valeur reconnue à ce lieu de foi exceptionnel, où le sacré est perçu clairement dans sa splendide cathédrale, aujourd'hui encore très vif également dans la citadelle baroque édifiée par toute la ville de Saint-Jacques.

Quasiment défendue par deux clochers, la cathédrale se dresse sur la place de l'Obradoirio et s'offre au pèlerin avec son style particulier, faisant du baroque une sorte de revêtement décoratif redondant, magmatique, derrière lequel se cache un style roman sobre, celui qui accueillait les pèlerins du Moyen Âge.

LES SEIGNEURS DU SYMBOLISME ÉSOTÉRIQUE : LES TEMPLIERS

Dans l'imaginaire collectif, les templiers occupent une position assez ambiguë, considérés maîtres de l'occulte d'un côté, dépositaires des secrets et des mystères de l'hermétisme et de l'alchimie arabe de l'autre. L'histoire de ce « corps spécial » unique et singulier de l'Église continue d'être entourée d'une aura mythique, falsifiant en partie la dimension historique effective de ces moines combattants.

L'histoire

Né en 1119 (1120 selon d'autres sources), l'ordre militaire du Temple de Jérusalem devait défendre la Palestine, parcourue par des milliers de pèlerins qui se rendaient sur les Lieux saints. Par ailleurs, en Occident, il devait fonder des hospices le long des grandes voies de communication.

D'après l'*Historia rerum in partibus transmarinis gestarum* de Guillaume de Tyr (écrite entre 1167 et 1184) c'est Hugues de Payns, chevalier de Champagne, qui fonda l'Ordre et adopta la règle de saint Augustin, avec neuf autres compagnons. Ils prirent ensuite le nom de *Milites Templi*, quand le roi Baudouin II de Jérusalem leur offrit une aile de son palais qui, d'après la tradition, s'élevait au-dessus du Temple de Salomon.

Pendant neuf années, ces hommes n'acceptèrent aucun autre adepte et suivirent à la lettre les règles draconiennes qu'ils s'étaient imposées, fondées sur la fraternité, la pauvreté, la chasteté et l'obéissance.

En janvier 1129, le concile de Troyes, réuni par le pape Honorius II, fit des templiers un ordre de l'Église ; par la suite, avec une bulle d'Innocent II (*Omne datum optimum*, 1139), l'organisation fut détachée de toute interférence possible avec le pouvoir temporel et ecclésiastique. Parmi les privilèges accordés : l'autorisation d'avoir ses propres prêtres et chapelains, le droit de construire des oratoires et l'exemption de la dîme. En outre, depuis toujours, les templiers ne pouvaient être jugés que par le pape.

C'est ainsi que, pour la première fois, un concile a autorisé la création d'une formation totalement autonome, s'inspirant des principes de la foi, mais armée et prête au combat.

Grâce à la contribution de saint Bernard (*Éloge de la Nouvelle Chevalerie*), on reconnut aux templiers un rôle toujours plus important dans la culture

Le symbolisme ésotérique

Les chevaliers de l'ordre du Temple (estampes du XIXe siècle)

religieuse et laïque du Moyen Âge. Anormale sous certains aspects, cette position a caractérisé l'Ordre, avec une aura le rendant « différent » de tous les autres ordres religieux, lui permettant d'acquérir une forte crédibilité dans le cadre du pouvoir temporel. Les templiers ont donc pu s'agrandir considérablement, au fur et à mesure qu'augmentaient donations et legs en leur faveur. Très vite, la « milice du Christ » a multiplié ses richesses et étendu ses possessions en Orient et dans de nombreux pays d'Europe. D'après saint Bernard, les templiers pouvaient être les défenseurs de la civilisation de leur temps, grâce à la foi, au recours aux armes, et bien sûr avec le support de leur richesse.

Dix ans après le concile de Troyes, l'Ordre était devenu un empire. Propriétaires de mines d'or et d'argent, bien exploitées selon des techniques très modernes, les templiers utilisaient ces matériaux précieux pour leur commerce (un patrimoine considéré ensuite comme le fruit de manèges obscurs avec les païens, voire carrément le résultat de pratiques alchimiques).

Les trésors acquis en Occident étaient bien investis et consolidaient avant tout l'image d'un ordre qui s'affirmait sur les ruines du paganisme. En conséquence, les templiers ont été également des banquiers : ils géraient les biens que leur confiaient les pèlerins et fournissaient aussi les caisses des souverains, avec lesquels ils entretenaient des relations souvent complexes.

Leur position solide ne manqua pas de donner lieu à des accusations et à des on-dit, tendant à désagréger le pourvoir de l'Ordre, qui comptait environ quinze mille membres à la fin du XIIe siècle.

Henri III d'Angleterre aurait été le premier à les accuser d'orgueil et de fierté, d'être plus soucieux des biens matériels que spirituels. D'où des polémiques très vite résolues, du moins superficiellement. En effet, si l'on examine les aventures dont les membres de l'Ordre sont les protagonistes, on rencontre souvent des prises de position des pouvoirs locaux contre les templiers, accusés d'avoir peu de considération vis-à-vis des règles temporelles et des lois locales.

En mai 1291, quand la forteresse de Saint-Jean-d'Acre fut prise par les musulmans, le déclin des États chrétiens en Orient était déjà entamé. Les luttes entre papauté et empire ont sans doute été l'une des causes principales de l'affaiblissement de l'esprit des croisades, alors que la présence militaire chrétienne en Terre sainte diminuait, laissant la place à celle des Arabes. Aspirations et velléités s'écroulèrent avec la forteresse, et le pouvoir des templiers en fut durement affecté, non seulement militairement, mais surtout moralement. L'Ordre fut ensuite transféré à Chypre, perdant ainsi sa connotation précise, dans la mesure où sa fonction d'origine n'avait plus de raison d'être.

Alors que s'éteignait leur inspiration religieuse, les templiers ont été principalement une puissance économique et politique au sein des luttes féodales et des conflits avec les souverains.

En Occident, Paris constituait le pôle de leur pouvoir ; le roi de France eut souvent recours aux caisses des templiers pour obtenir les prêts destinés à faire face aux frais du gouvernement et de la guerre dans les Flandres. Cette dépendance économique n'a certainement pas contribué à rendre cet ordre sympathique aux puissants d'alors.

Par le biais d'intrigues incroyables, Philippe IV (le Bel) fit tuer le pape Boniface VIII, lié aux templiers, et en 1305 il fit élire l'archevêque de Bordeaux, Bertrand de Got, auquel le liaient des intérêts politiques et économiques. Sous le nom de Clément V, le nouveau pape, un pantin manipulé par le roi, entreprit de faire disparaître l'Ordre. Les accusations pleuvaient, étayées par de pures inventions, les témoignages d'un templier repenti.

LE SYMBOLISME ÉSOTÉRIQUE

Gravure du XIXe siècle représentant le grand maître Jacques de Molay

Entre août et septembre 1308, époque où la papauté s'intéressa directement au problème, cent vingt-sept articles concernaient les templiers, regroupés en sept catégories où ceux-ci :
 — reniaient le Christ, défini par eux faux prophète, crucifié pour ses fautes et non pour le rachat de l'humanité ;
 — crachaient sur la croix, la piétinaient et se livraient à mille horreurs sur les symboles du christianisme ;
 — adoraient les idoles, les chats et des figures étranges ;

– ne croyaient pas aux sacrements, leurs prêtres célébrant la messe en prononçant des formules anormales ; en outre, maîtres et dignitaires laïques de l'Ordre accordaient l'absolution aux péchés de leurs confrères ;
– pratiquaient l'homosexualité ;
– jugeaient fondamental d'avoir le plus d'argent possible dans leurs caisses ;
– se réunissaient en secret la nuit, et celui qui avait révélé les rituels était condamné à la peine de mort.

Philippe le Bel poussa Clément V à ouvrir une enquête contre l'Ordre : les chefs d'accusation allaient de l'homosexualité aux pratiques magiques blasphématoires et obscènes, jusqu'à l'infanticide. On évoqua en outre l'hérésie et des liens avec la sorcellerie. Les Chevaliers de Dieu furent ainsi accusés de s'être donnés au diable Baphomet, auquel ils auraient carrément offert des sacrifices humains.

Le 13 octobre 1307, sur l'ordre du grand inquisiteur de France, Guillaume Imbert, le grand maître Jacques de Molay et cent trente-huit templiers furent arrêtés et emprisonnés ; ils subirent tortures et interrogatoires qui les obligèrent à avouer des fautes jamais commises. À Paris, le 10 mai 1310, on envoya au bûcher cinquante-cinq Chevaliers sans qu'il y ait eu le moindre procès.

Toujours conformément à la volonté du roi et sans attendre les décisions du concile, le 22 mars 1312, Clément V émit la bulle *Vox in excelso* par laquelle il supprimait l'ordre des Templiers, jugé désormais d'« aucune utilité pour la Terre sainte »... Il fallait alors juger les quatre dignitaires de l'Ordre, prisonniers à Paris, dont maître Jacques de Molay, qui s'en était remis au jugement du pape. En 1314, ce dernier lui envoya une commission de trois cardinaux chargés de lui notifier la prison à vie. Le 18 mars 1314, se sentant trahi, Molay défendit l'Ordre et s'accusa de faiblesse (depuis 1310, il avait observé le silence en affirmant qu'il ne parlerait que devant le pape). Ce courage lui coûta la vie : il monta au bûcher avec Geoffroy de Charney (Charny), maître de Normandie, qui avait suivi son exemple. Sur le bûcher, Molay prophétisa la ruine de ses ennemis : Clément V mourut un mois après et Philippe le Bel en novembre...

Baphomet : vérité ou légende ?

Dans l'ensemble des accusations adressées aux templiers, on trouve celle selon laquelle ils adoraient une effigie étrange, Baphomet, dont le symbolisme ésotérique continue d'être l'objet de discussions parmi les spécialistes, ne serait-ce que du fait de l'absence de sources certaines sur son aspect effectif. Du point de vue de l'étymologie, on a interprété ce nom comme une corruption de « Mahomet », mais ce sont des hypothèses non étayées par des documents.

Pour plusieurs chercheurs, ce Baphomet mythique serait une effigie du Christ marquée par des caractéristiques particulières, hors des canons iconographiques les plus répandus. Il pourrait carrément s'agir du Suaire, replié de façon à ne laisser en évidence que l'empreinte du visage, comme l'image non peinte à la main, mais s'étant formée spontanément, d'Édesse.

Des témoignages populaires, totalement dénués de fondements, rapportent que les templiers adoraient « une vieille peau d'homme embaumée et en toile lisse [...] avec des yeux soulignés au crayon noir qui resplendissaient comme la lune »... Description pleine d'imagination du Suaire ?

Les documents concernant le procès français dont on a parlé révèlent que les accusés ont admis à plusieurs reprises avoir adoré une effigie aux caractéristiques très hétérogènes, déclarations obtenues sous l'effet de la torture. Ainsi, un Chevalier, Raynier de Larchant, interrogé le 20 octobre 1307, affirme avoir vu l'idole une douzaine de fois et l'avoir conservée avant l'arrestation des templiers au Temple de Paris. Dans sa déposition, Raynier parle d'une « tête barbue, embrassée, adorée et appelée Sauveur » par tous les templiers. Mais, dans ces mêmes déclarations, on ne comprend pas s'il s'agit d'une peinture, d'une image sacrée non peinte à la main ou d'une sculpture.

Une autre personne interrogée affirma qu'à Paris on adorait une « tête », dont les caractéristiques étaient très vagues. Selon les inquisiteurs, l'idole prend des tonalités souvent maléfiques : c'était une représentation ambiguë, chargée d'attributs démoniaques. Mais là aussi il ne s'agit que d'hypothèses.

S'il y avait eu effectivement un *corpus delicti* dans le Temple de Paris, une découverte si précieuse pour prouver la culpabilité de l'Ordre aurait été montrée à tous. En revanche, le seul résultat de perquisitions poussées a été un crâne numéroté (mentionné par les sources sous Caput LVIII), peut-être celui de saint Euphémie, qui dut comparaître devant le tribunal pontifical. Aucune trace de Baphomet. Le mystère reste entier...

L'ÉSOTÉRISME DE LA PAROLE

La parole n'est pas uniquement un élément fondamental de la communication, chargée d'une fonction précise, elle est également dotée d'une force évocatrice spécifique. Permettant justement de saisir la réalité dans son essence, sa valeur symbolique va au-delà de la signification première et produit des images et des suggestions qui stimulent notre imaginaire. Elle joue donc un rôle ésotérique fondamental : derrière l'apparence, elle conserve un substrat culturel qui s'est consolidé et fait partie de notre expérience quotidienne, souvent d'une manière quasi inconsciente. C'est sans doute à ce niveau que se situe la valeur ésotérique de la parole, son lien très fort avec le mythe et le sacré. Sa puissance créatrice et sa force magique sont présentes dans toutes les cosmogonies mythiques. C'est dans la parole que prend forme l'impression éprouvée face à ce qui est insolite, stupéfiant, capable de susciter la crainte ou l'appréhension.

Le recours fréquent à l'écriture – instrument habituel de la communication – a privé la parole de sa valeur sacrée. De nombreux exemples dans l'histoire de l'écriture témoignent, en revanche, que l'homme a toujours jugé possible d'agir sur le réel à travers les symboles, en éprouvant du respect et de la crainte à l'égard de ces derniers comme si, une fois tracés, ils avaient des pouvoirs autonomes.

L'ÉCRITURE, UN DON DIVIN

Dans de nombreuses cultures, l'écriture est, d'une manière exemplaire, liée à une intervention divine : une créature supérieure est toujours créatrice de cette découverte importante et le mot écrit se trouve associé à quelque chose de surnaturel.

Le dieu Thot l'apporta aux Égyptiens, Hermès aux Grecs. Leur intervention est significative car elle apporte un premier témoignage du rôle de l'écriture, médiateur entre la parole révélée et sa transmission au commun des mortels.

L'invention de l'écriture a profondément influencé la divination en Mésopotamie. On attribuait effectivement à la divinité une prérogative commune à celle des souverains : communiquer avec ses sujets à l'aide de messages écrits, – dans le cas des dieux, c'étaient des astres, des corps humains ou n'importe quel autre « support » le permettant – que les devins devaient déchiffrer (une idée qui allait aboutir à l'image ancestrale du « livre de la nature »).

L'identification de la mantique (ou divination) avec le déchiffrage des caractères divins écrits dans la réalité était renforcée par les caractéristiques pictographiques de l'écriture cunéiforme : comme la divination, elle désignait des choses à travers des choses.

D'après la tradition chinoise, l'écriture est née de l'observation des traces laissées sur le sable par un oiseau : toutefois, ces signes n'ont pas été tenus pour le fruit du hasard, même si l'on pouvait le croire à première vue, mais plutôt pour un langage ésotérique envoyé sur Terre par le divin, afin que seuls les hommes les plus doués et les plus sensibles fussent en mesure d'en saisir les possibilités illimitées.

Le caractère ésotérique et symbolique s'est atténué – sans toutefois disparaître totalement – une fois que s'est affirmé le système phonétique par rapport à l'idéogramme.

Il est significatif que les textes grecs aient déjà eu amplement recours à des mots étrangers, auxquels, toutefois, on attribuait des sens mystérieux, capables d'évoquer des puissances cachées.

On comprend donc que, selon la tradition à l'origine de l'ésotérisme, le mot est d'autant plus ésotérique que son sens est difficile à percevoir, ainsi que sa signification primitive.

Toutes les cultures ont des mythes pour expliquer les particularités de leur langue, formée après le chaos, où tout le monde n'en parlait qu'une. Surtout si l'on souligne la puissance extraordinaire du mot, moyen d'ordonner et de définir les séparations, mais simultanément artisan de changements notoires, de confusions inimaginables. En ce sens, la tour de Babel est très significative (*Genèse*, XI, 1-9).

La sacralité du mot

La valeur ésotérique du mot tient à sa capacité de susciter des images et de créer à partir de rien, abattant ainsi règles et lois du statut humain.

Le mode de transmission de la parole aux hommes contribue à objectiver sa sacralité : un messager divin l'a peut-être dictée au prophète ou à un simple intermédiaire, ou bien le texte est carrément « tombé du ciel », afin d'éclairer les fidèles en adoration. C'est dans ce contexte que se situent les messages des voyants, souvent très imprégnés de symbolisme et difficiles à interpréter. Ainsi, dans son *Apocalypse*, Jean affirme :

 Je tombai en extase le jour du Seigneur, et j'entendis derrière moi une voix clamer, comme une trompette : « Ce que tu vois, écris-le dans un livre pour l'envoyer aux sept Églises : à Éphèse, Smyrne, Pergame, Thyatire, Sardes, Philadelphie et Laodicée ».

(I, 11)

Le mot écrit est donc mémoire de l'événement, mais surtout prolongement de la parole divine :

 Heureux le lecteur et les auditeurs de ces paroles prophétiques s'ils en retiennent le contenu, car le Temps est proche !

(I, 3)

Le thème archaïque de la transmission de la parole de haut en bas à travers l'écriture, trouve son expression la plus caractéristique dans la métaphore du livre, « contenant » ésotérique de la connaissance.

Pour celui qui la reçoit, la parole venue de Dieu indique la légitimité de son usage à des fins évocatrices. On énonce que dans le Coran (XXXIX, 2) : celui qui la reçoit est l'élu, légitimé à l'utiliser pour les rituels ; il en devient surtout le dépositaire et acquiert des attributs surnaturels.

Il existe des mots ayant un rapport très ancien avec l'ésotérisme, toujours enraciné dans la culture, bien que leur fonction primitive symbolique ait été en partie oubliée, même si des expressions et des tournures font désormais partie intégrante du quotidien.

Ainsi, le mot *Agla* utilisé pour se protéger contre les esprits infernaux, viendrait de l'hébreu « *Athat gabar leolam Adonai* » (« Seigneur, tu es présent et éternel »), ou les mantriques *Aum* et *Om* (termes sanscrits signifiant « instrument de pensée ») sont sans doute des mots que l'on retrouve le plus souvent dans la tradition symbolique liée à l'évocation magique, des vocables où cohabitent l'expérience magique et religieuse, jouant un rôle ésotérique très complexe.

Il est rare que ces mots aient un sens achevé ; ils sont parfois carrément et volontairement inintelligibles, caractéristique à rechercher sans doute dans la volonté des ésotéristes de privilégier des noms cryptés, impossibles à déchiffrer par les profanes. Il convient aussi d'observer qu'on tenait compte du son de certains mots, de leur effet harmonique, visant à accroître leur suggestion, déjà largement alimentée par des gestes et des opérations pratiques.

LE SYMBOLISME ÉSOTÉRIQUE DE LA LITTÉRATURE

L'univers de la littérature renferme des centaines de pages où les intentions ésotériques des auteurs (de Dante à Carducci, de Rimbaud à Asimov) sont présentes, palpables, souvent impénétrables, sans l'aide d'un guide en mesure de sonder le mystère de l'écriture.

Aborder ce thème, en prenant en compte tout ce patrimoine littéraire sur fond d'ésotérisme, est impossible dans le cadre de cet ouvrage : l'interprétation ésotérique de *La Divine Comédie* de Dante a été l'objet de milliers de pages, en particulier pour ce qui concerne *Le Paradis* !

Rappelons seulement qu'en littérature aussi le langage ésotérique répercute le savoir le plus mystérieux et le transmet, surtout avec la poésie, grâce à la force immortelle du symbolisme.

Les mots magiques

À l'évidence, les mots magiques par excellence sont « Abracadabra » et « Abraxas », très présents dans l'histoire de l'ésotérisme.

Pour certains chercheurs, « Abraxas » est une sorte de mot de passe destiné aux adeptes de certaines sectes : il apparaît dans les phylactères[3], souvent caractérisés par un syncrétisme très fort.

Le cas d'une amulette attribuée à sainte Geneviève (422-502) est frappant. Il contenait ce texte : « Abraxas Adonaï, Seigneur des Démons, bonnes puissances, préservez Ulpia Paolina de n'importe quel démon mauvais. »

On sait depuis saint Augustin qu'en croyant un faux oracle certains virent en saint Pierre un super-magicien qui, avec ses pouvoirs infernaux, avait fait en sorte que le Christ fût adoré comme magicien. (Il ne faut pas oublier que dans la culture classique l'association entre personnages mythiques et certains mots, si possible étrangers et très évocateurs, était particulièrement répandue.)

À l'intérieur de formules en tout genre, le terme « Abraxas » accompagne souvent la composition des « perles gnostiques », ces pierres gravées, d'origine hellénique et romaine, liées depuis toujours aux pratiques magiques et rituelles classiques. Les centres de production les plus importants de ces pierres précieuses se trouvaient sans doute à Alexandrie, et la langue la plus répandue était le grec. Il arrive aussi qu'on relève des formules directement issues des papyrus magiques.

Dans certains cas, les mots de base de l'ésotérisme, traités par des chercheurs et de grands mystiques, ont été assimilés par la culture simple du peuple et utilisés en guise de formule protectrice. Ainsi, on sait que Domenico del Rio, chasseur de sorcières et auteur d'un traité sur la question (*Disquisitiones magicarum*) accusait le peuple de se servir de formules, à l'origine sacrées, pour obtenir des guérisons. L'inquisiteur faisait référence à un *Recueil* de Michel Savonarole (père du célèbre Jérôme) qui proposait la formule suivante pour guérir les enfants des scrofules (adénites tuberculeuses) : « + Maga + Magula + Magulata + mal + Job » (+ indique le signe de croix à faire avant de prononcer le mot). Dans le même *Recueil* il donnait les indications pour faire un bref[4] dont le graphisme rappelait celui de l'« Abracadabra », à appliquer sur la partie malade, de préférence quand l'intéressé dormait. La formule est la suivante :

S	A	T	O	R
A	R	E	P	O
T	E	N	E	T
O	P	E	R	A
R	O	T	A	S

---

3. Il s'agit de parchemins avec des textes sacrés que les Juifs gardent attachés à un bras ou sur la tête pendant la prière.

4. Ce terme indique la petite enveloppe, en tissu ou toute autre matière, à l'intérieur de laquelle on mettait des reliques ou des formules magiques/religieuses, et qu'on portait le plus souvent autour du cou.

L'ÉSOTÉRISME DE LA PAROLE

Les runes

Les pierres runiques entrent bien sûr dans le cadre de l'ésotérisme de la parole. Plusieurs hypothèses ont déjà été avancées, soulignant généralement leur fonction magique et divinatoire.

Qu'est-ce qu'une pierre runique ? Quel est son rapport avec l'écriture et la magie ? En simplifiant un peu les choses, une pierre runique présente des signes alphabétiques gravés. Ces derniers constituent un premier langage élémentaire écrit et sont également utilisés comme signes magiques pour la divination.

Le mot « rune » viendrait du norvégien ancien *runar*, « secret », « mystérieux », d'où son sens actuel d'écriture secrète, accessible à quelques adeptes. Plusieurs spécialistes en étymologie et des linguistes ont confirmé la valeur de ce mot, lui trouvant même des références dans des langues d'autres cultures, souvent très lointaines.

L'ALPHABET RUNIQUE

Il se compose presque exclusivement de signes très schématisés, généralement à « angle vif » (une structure typique de l'écriture destinée à être tracée sur la pierre), verticaux, stéréotypés et très schématiques.

Une définition précise, chronologique de cette écriture est problématique : on passe d'interprétations situant son apparition à la fin du néolithique à d'autres qui avancent une période non antérieure au IIe-IIIe siècle de notre ère.

Liés traditionnellement à la culture des Vikings (qui se développa quand les runes étaient déjà connues), ces signes énigmatiques ont été trouvés principalement en Norvège, en Suède et au Danemark ; il existe toutefois des exemples plus rares en Allemagne, en France et en Espagne. De toute façon, l'écriture runique a absorbé des éléments typiques de l'Europe du Sud, voire carrément de l'aire italique ; dans ce sens, on a avancé des liens avec l'alphabet étrusque.

On connaît deux phases de l'alphabet runique :
– phase archaïque, avec 24 signes ;
– phase viking, avec seulement 16 signes.

Peu de textes de la première phase, pour la plupart indéchiffrables et contenant des phrases renvoyant à des pratiques protectrices, sont parvenus jusqu'à nous. En revanche, les témoignages de la seconde phase sont plus nombreux, avec des textes fournissant des indications sur la vie quotidienne.

Plus encore que le problème philologique, ce sont les motivations ayant poussé les habitants de l'extrême Nord à tenir les runes pour un instrument magique qui passionnent les spécialistes.

D'après la tradition, c'est Odin en personne qui donna aux hommes l'écriture runique ; comme Thot le fit pour les Égyptiens, le souverain du panthéon nordique communiqua à quelques initiés le secret divin de cette graphie.

Aujourd'hui encore, en dépit des hypothèses plus rationnelles avancées par l'archéologie, les runes continuent d'être l'instrument permettant d'invoquer les

115

> # L'IMPORTANCE DE L'ÉCRITURE EN EUROPE DU NORD
> Les formes d'écriture traitées dans ce chapitre, bien que sacralisées au point d'en attribuer l'origine à une intervention divine, n'occupèrent qu'une position très limitée dans le système de communication des Celtes, en particulier pour ce qui concerne les connaissances traditionnelles. Cela est sans doute dû au fait que seule l'oralité aurait maintenu l'intégrité de ce patrimoine ; en effet, à partir du moment où un témoignage du sacré est disponible à tous, il perd sa valeur mystique et devient profane.

esprits, de pratiquer la magie noire ou de guérir les maladies. Il semblerait que, tirés au hasard, les caractères runiques fournissent des réponses divinatoires (un peu comme les tarots). Il s'agit toutefois d'une utilisation issue de la déchéance de leur rôle ésotérique d'origine, aujourd'hui en grande partie disparu.

L'écriture d'Ogma

L'écriture inventée par le dieu celtique Ogma – protecteur de l'éloquence et assimilé à Hercule du fait de sa représentation avec une massue et une peau de bête sauvage – est tout aussi mystérieuse. À en croire les rares légendes sur le sujet, cette graphie ne jouait pas le rôle d'un véritable alphabet mais servait surtout à des fins magiques et ésotériques. Cette forme de communication particulière n'était pas destinée à tous, mais aux druides et aux dépositaires des pratiques rituelles.

Dans sa version la plus archaïque, cet alphabet était un système de lignes verticales sur lesquelles étaient gravés des traits horizontaux ou obliques : environ trois cents inscriptions funéraires sur pierre confirment son existence. Même si, à première vue, il semblerait qu'il s'agisse d'une écriture renvoyant aux runes, en réalité la graphie d'Ogma est quelque chose d'« unique », dont quelques textes ont été retrouvés au pays de Galles, en Écosse et en Irlande, surtout sur des monuments funéraires. Cette écriture est restée officiellement en usage jusqu'au VIIIe siècle de notre ère. Les légendes irlandaises nous apprennent que son support principal était le bois ; on comprend donc pourquoi seuls les textes gravés sur pierre sont parvenus jusqu'à nous.

Dans certaines versions de l'histoire de Tristan et Iseut, le protagoniste écrit un message sur une branche de noyer dans un alphabet étrange : s'agirait-il d'un écho du mythe d'Ogma ?

> # LE COELBRENN
> Des sources plus récentes (XVe siècle) nous apprennent qu'un autre alphabet était répandu en Europe du Nord, très proche de celui d'Ogma : il s'agit du *coelbrenn*, utilisé par les bardes et composé de quarante-quatre lettres. On l'écrivait sur des planchettes de bois, à section carrée ou triangulaire, à l'aide du *bwyell*, une sorte de petite hache sacrée.

Le symbolisme des nombres

Le symbolisme des nombres relève d'une culture très ancienne qui, contrairement à d'autres domaines de l'ésotérisme, a gardé toute sa portée pratiquement intacte. Selon le philosophe Boèce, la Connaissance suprême passe par le nombre, car ce dernier fait partie des sciences comme de la culture humaniste, sans changer pour autant de valeur et d'identité.

En même temps, chaque nombre a sa propre signification unitaire, laquelle, bien sûr, change dans les multiples et les composés en mathématiques ésotériques.

Un

Le un, début conventionnel, est la représentation symbolique de l'homme où se concentrent l'être et le paraître, donc de l'unité.

Dérivé du latin *unus* (signifiant à l'origine « unique », alors que pour indiquer l'unité on utilisait le plus souvent *sem*, de *simplex*), ou du plus ancien *oino* ; à partir de *unus*, on a « unir », puis *unio*, « union », *unitas*, « unité ». Un est l'équivalent du centre, de l'origine. Totalement en accord avec la doctrine traditionaliste, le philosophe Plotin l'identifiait à la fin morale et lui opposait la multiplicité du mal.

Mis également en relation avec l'abîme cosmique et le rayon céleste, le un a souvent été rapporté à la figure humaine : du fait de son aspect géométrique, ce chiffre est très proche des représentations symboliques occupant une place non négligeable dans l'histoire des religions. Du menhir au clocher, du totem à l'obélisque, cette forme essentielle illustre l'aspiration vers le haut, l'élévation visant le ciel.

Dans le langage d'aujourd'hui, être « numéro un » indique une capacité à dominer, à vaincre, à être le meilleur. Une attitude contenant le sens attribué à un nombre autour duquel se cristallise depuis toujours le concept de primauté. « Unique » vient de « un », soit une expression attribuant à quelqu'un ou à quelque chose une valeur supérieure, déterminée justement par le fait d'être seul, donc dépositaire de prérogatives refusées aux autres. Il est par ailleurs clair que le mot latin *solus*, « seul », renvoie à *sol*, « soleil ».

Il faut absolument distinguer le un et l'unicité, car cette dernière exprime l'être absolu, le transcendant, le Dieu unique ; en revanche, l'autre admet la création du multiple hétérogène et sa réduction à l'un, le tout vu à l'intérieur d'un ensemble émanation/retour. L'aspect vertical auquel nous avons fait allusion est une prérogative du un, renvoyant au modèle anthropologique tenu pour le plus parfait de l'univers, dans une vision anthropocentrique erronée. N'oublions pas que Dieu est un : « Tu n'auras pas d'autres dieux que moi » dit le premier commandement. Cette indication a sans doute beaucoup influencé la tradition sur la priorité accordée au « un » : le premier, certes ; mais aussi la valeur la plus petite, limitée. L'importance attribuée à ce nombre dépend donc de la façon dont on le considère dans le cadre de la convention adoptée.

Autre exemple concernant justement le « point de vue », « le bâton de compagnonnage » maçonnique, se référant au un. Pendant la journée, mettre le bâton en avant est une provocation, mais, la nuit, la même opération est un acte de prévoyance.

Dans la cabale hébraïque, le un correspond à la lettre *aleph*, liée au symbole de la tête du taureau, image de force et de puissance.

En mathématiques mythologiques, le un est un archétype, un modèle *a priori* auquel la culture s'adapte.

Le un étant une référence entre objet et objet, il donne corps à l'instance de la raison.

À l'opposé, au plan philosophique, le un est la Monade qui, d'après les pythagoriciens, agissait comme la dyade créatrice, concept qu'on retrouve dans la mystique chrétienne de Boèce, selon lequel la « dualité » engendre la multiplicité, mais trouve son équilibre dans l'unité.

Enfin, pour la philosophie hermétique, le un est l'Être qui, en s'unissant aux autres nombres, donne lieu à des compositions infinies, lesquelles, en dépit de leur complexité et de leur caractère articulé, peuvent toujours être réduites à l'unité : origine de la numération.

DEUX

C'est un nombre ambigu, marqué d'une certaine complexité. Dans la tradition religieuse, surtout, il a une signification opposée. Le deux signifie division et contraste, mais peut également indiquer complément. Si le deux ne joue pas un rôle d'une importance particulière dans le cadre de la symbologie religieuse judéo-chrétienne, il n'en est pas de même du point de vue des mécanismes de l'ésotérisme.

En réalité, le caractère problématique et l'attrait exercé par ce nombre viennent du fait qu'il symbolise l'opposition, le conflit, mais simultanément il renvoie à un symbolisme lié à l'équilibre, à la séparation précise entre valeurs opposées et différentes.

Dans plusieurs répertoires de symboles, le deux est mentionné comme l'expression vivante d'une opposition, mais aussi la juste séparation des valeurs ; par exemple, le masculin du féminin, le blanc du noir, le yin du yang. En même temps, il évoque le concept de dédoublement, donc une sorte d'ambiguïté où la visualisation effective du composant initial peut sembler « masquée », voire bouleversée par la modification de l'état initial. Dans ce sens, le deux s'oppose au trois, qui idéalise l'équilibre parfait, offrant une vision ésotérique plus harmonieuse et qui s'aligne sur la Tradition, servant de guide à la réflexion théologique.

Dérivé du bas latin *dui*, ce nombre a une physionomie qui lui est propre, car, dans certaines cultures plus ou moins archaïques, le concept de pluralité s'exprime par la répétition de l'unité, sans recourir à une hiérarchie numérique précise et standardisée.

C'est ainsi que, dans notre langage, le deux exprime une pluralité générique : l'affirmation « une paire de… » est caractéristique. Deux peut indiquer quelque chose de plus que l'unité, ne correspondant pas nécessairement au nombre deux, renvoyant à des modèles culturels qui, comme on l'a vu, s'affirment tout particulièrement dans les sociétés où les systèmes de numération ne sont pas très évolués.

Le deux joue le rôle symbolique du couple, ce qui alimente la force d'attraction du dualisme, surtout dans la tradition ésotérique, alchimique et religieuse. Cette valence met à son tour bien en évidence les différences et l'existence de deux niveaux, souvent opposés entre eux, mais aussi tout simplement différents ; leur choc provoque une dynamique culturelle.

Dans l'Exode, il est dit que Dieu ordonna à Moïse de sacrifier deux agneaux ; et Moïse frappa par deux fois la pierre d'où jaillit l'eau pour son peuple. On apprend en outre que le Seigneur pouvait redonner la vie après deux jours (*Osée*, VI, 2) ; Hérode ordonna la mort de tous les enfants jusqu'à l'âge de deux ans (*Matthieu*, II, 16) ; Pierre entendit le coq chanter deux fois après avoir renié son Maître par trois fois (*Marc*, XIV, 72). D'autres cas nous permettent de constater la diffusion du deux tout au long de la Bible. Mais tout cela ne permet pas de trouver une correspondance symbolique précise à laquelle relier le symbolisme du deux dans le cadre de l'Ancien et du Nouveau Testament.

Le deux symbolise sans doute la confirmation : un fait répété deux fois certifie qu'il n'est pas le fruit du hasard, atteste l'existence d'un événement susceptible de devenir récurrent. Le choix de deux sujets est peut-être un élément précis pour indiquer une quantité.

Certaines traditions considèrent le deux comme le « nombre de l'androgyne », du fait de sa duplicité, de sa possibilité de renvoyer à une réalité ayant des valences différentes, opposées et, paradoxalement, destinées sans doute à trouver un équilibre possible pour faire vivre un désir atavique d'harmonie.

Le deux est donc un nombre à plusieurs visages, un chiffre qui ne cesse de nous dire son sens et se laisse envelopper d'une aura parfois impénétrable, où la symbologie ésotérique et la philosophie mathématique s'amalgament étroitement.

TROIS

En général, le trois indique l'exhaustivité, voire la perfection, surtout dans la tradition ésotérique. Dans la Bible, il y a trois parties du temple, trois fils de Noé, trois jours de ténèbres en Égypte avant l'Exode, Jonas passa trois jours et trois nuits dans le ventre du poisson. S'agissant des Évangiles, le trois joue aussi un rôle important : le Christ conduisit trois apôtres sur le Tabor pour être les témoins de la Transfiguration et trois autres furent à ses côtés dans le jardin des Oliviers. Enfin, le Christ resta trois jours dans son sépulcre avant de ressusciter.

Très souvent chargé de tonalités magico-ésotériques, dans les religions, le trois prend des valences à plusieurs facettes, surtout quand il connote les figures géométriques, principalement celles du triangle. Dans le langage ésotérique, du fait de sa particularité de s'enfermer dans le triangle, on l'indique comme « synthèse spirituelle », formule de chacun des mondes créés : naissance/lever, zénith, couchant. Pensons au nombre de fois où le trois est évoqué dans la tradition religieuse, mythologique et ésotérique : trois Rois mages apportant trois cadeaux symboliques (or, encens, myrrhe), trois éléments de base de l'œuvre alchimique (soufre, mercure et sel) ; Noël, Pâques et Pentecôte sont les mystères de l'année liturgique ; les trois Parques ; les trois Grandes Mères représentées sur de nombreux autels préchrétiens, etc.

Selon Giordano Bruno[5], il y aurait trois degrés en magie, à mettre en relation avec trois mondes : archétype, physique et rationnel ou mathématique. Dans cet archétype il y a l'amitié et la lutte, dans le physique, le feu et l'eau, et dans le mathématique, la lumière et les ténèbres. Ces dernières proviennent du feu et de l'eau, le feu et l'eau de la concorde et de la discorde ; ainsi, le premier monde crée le troisième à travers le deuxième, et le troisième se reflète dans le premier à travers le deuxième.

En architecture, les trois absides des églises font référence à la Trinité, en se greffant dans le quatre, symbolisé par le plan de l'église, fondé sur la forme de la croix (latine ou grecque).

Frédéric de Portal, auteur d'un essai sur le symbolisme des couleurs, utilisait un parcours à trois degrés pour donner une valeur à chacune d'entre elles :
– l'existence en soi ;
– la manifestation de la vie ;
– l'acte qui en résulte.

Dans le premier degré l'amour, le désir ou la volonté dominent, et sont indiqués par le rouge et le blanc. Dans le deuxième, l'intelligence, la parole ou le verbe, sont indiqués par le jaune et le bleu. Dans le troisième, la réalisation ou l'acte trouvent leur symbole dans le vert.

Ces trois degrés, qui renvoient aux trois opérations de l'intellect humain (volonté, raisonnement et acte), sont évidents dans chaque couleur. On y découvre trois significations en rapport avec le degré supérieur ou inférieur de la lumière ; la nuance indique ainsi trois ordres d'idées, selon son apparition ou dans le rayon lumineux qu'elle colore, ou dans les corps translucides, ou, enfin, dans les corps opaques.

---

5. N.d.t. : philosophe italien (1548-1600). Dominicain, il étudia la théologie et la philosophie. Arrêté et condamné à mort par l'Inquisition, il fut brûlé vif à Rome.

Comme on l'a vu, le trois est étroitement lié au triangle dont le nom latin, *triangulum*, vient justement de *tri* et d'*angulus*. C'est dans le triangle que le divin s'exprime totalement, en renfermant dans son périmètre le symbole du Père créateur, artisan du début des temps et observateur immortel des hommes : il suffit de penser au triangle emblématique où s'inscrit l'œil divin.

Dans certains itinéraires ésotériques, il peut y avoir deux triangles, dont l'un est plus petit, placés l'un au-dessus de l'autre et qui correspondent à l'emplacement de la caverne sous la montagne. Si, comme le propose René Guénon, on veut représenter la caverne juste à l'intérieur (ou au cœur même, pourrait-on dire) de la montagne, il suffit de mettre le triangle renversé dans le triangle droit, afin que leurs centres coïncident.

Le symbolisme du trois se configure ainsi dans les triangles, dont chacun représente un archétype ésotérique fondamental ; leur union aboutit à quelque chose d'exhaustif (union caverne et montagne), en accord avec cette recherche de la perfection, dont le trois est tenu pour l'expression atavique.

Quatre

Dans la Bible, il y a quatre coins de la terre, comme les quatre points cardinaux, les fleuves du paradis terrestre et les quatre êtres vivants qui soutiennent le trône. Dans le passé le plus lointain, on utilisait déjà le quatre pour indiquer la solidité et la force comprises dans le carré : figure sacrée qui représente, même d'un point de vue anthropologique, une image visant à suggérer la fermeture et donc la protection.

Le quatre (du latin *quatuor*) renvoie également à une autre figure fondamentale : la croix. Le croisement de deux lignes, déterminant deux secteurs, subdivise l'espace en quatre parties, on revient ainsi à la forme géométrique primaire.

La subdivision dans l'espace renvoie aux quatre points cardinaux, aux quatre vents, aux quatre éléments (air, eau, feu, terre), aux quatre piliers de la terre : un rappel continu à l'univers géographique où le quatre joue un rôle fondamental. En effet, ce n'est pas un hasard si, pour mentionner le pouvoir du roi et des empereurs, ou d'autres personnages, on dit « seigneur des quatre parties du monde ».

Les lettres hébraïques du nom de Dieu sont aussi au nombre de quatre (JHWH), puis il y a les quatre chevaliers de l'*Apocalypse* de saint Jean, les quatre plus grands fléaux et les quatre bêtes eschatologiques dans la vision d'Ézéchiel.

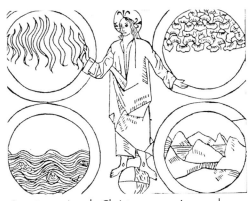

Représentation du Christ comme seigneur des quatre éléments

LA CROIX : DIFFUSION D'UN SYMBOLE

Il est difficile de dire quand le « signe-croix » a trouvé une place spécifique au sein de la culture ; cela a certainement eu lieu avant le christianisme, en des temps « non suspects », quand cette forme au graphisme très stylisé contenait des significations à peine repérables le long des itinéraires hermétiques des archétypes. Il n'est pas non plus facile de définir ce qu'a représenté la croix dans la culture : on se trouve face à une gamme d'hypothèses complexes, au point de troubler le chercheur et de l'entraîner très loin.

Avant même de devenir le symbole de la Passion du Christ, la croix était déjà riche en références évocatrices bien connues du monde classique. Sa diffusion est attestée dans des cultures lointaines et différentes : des Bantous aux Navajos, jusqu'au Tibet.

Par ailleurs, les évangélistes sont au nombre de quatre et constituent la voix humaine du Verbe, enfermée dans le symbolisme de leur apparence : le lion, l'aigle, le bœuf et l'ange.

À la différence d'autres nombres, le quatre est le chiffre à travers lequel religion et sacré s'expriment amplement et avec une puissance symbolique considérable, en particulier, le rapport entre nombre et forme géométrique, un rapport spontané et naturel, profondément enraciné dans notre psyché.

LA THÉORIE DES QUATRE HUMEURS

Attribuée à Hippocrate, médecin du Ve-IVe siècle av. J.-C., cette théorie a beaucoup conditionné la culture de l'Antiquité et du Moyen Âge. Elle a donné lieu à de nombreuses interprétations sur le caractère et sa visualisation à travers le physionomisme.

Les quatre éléments qui constituent l'univers (air, eau, feu et terre), avaient leur équivalent dans le corps humain sous forme de quatre humeurs : sang, bile jaune, bile noire et flegme. En fonction de leur prépondérance, la personne pouvait être sanguine, colérique, mélancolique, flegmatique.

Mélancolie, œuvre de A. Dürer (1514)

La maladie pouvait donc être guérie en équilibrant à nouveau ces quatre éléments. Leur union dans l'organisme humain était possible grâce au pneuma, un air brûlant qui partait du cœur et se répandait dans les vaisseaux sanguins, en surchauffant comme il fallait les quatre humeurs.

Cinq

D'après la théorie ésotérique, le cinq (du latin *quinque*) représenterait l'homme (bras et jambes écartés) et simultanément l'expression de l'univers équilibré : deux axes, l'un vertical, l'autre horizontal passant par le centre, lieu de perfection et d'équilibre.

Les cinq sens confirment précisément le lien du cinq avec l'homme, ces manifestations fondamentales de notre capacité à saisir tous les aspects sensibles de l'environnement.

L'union du 3 (mâle) et du 2 (femelle) produit l'être parfait, représenté justement par l'addition des deux chiffres.

Si l'on observe les symboles ésotériques de la Tradition, on réalise combien de valeurs importantes sont attribuées au cinq : de l'harmonie pentagonale des pythagoriciens à l'architecture gothique, de l'étoile à cinq branches à la quintessence de la culture alchimique.

En magie, la portée musicale permet au cinq de s'exprimer amplement : figure géométrique obtenue en juxtaposant cinq lignes droites qui se ferment autour d'un espace considéré franc, impossible à attaquer de l'extérieur à tous les niveaux. Une fermeture hermétique que certains ésotéristes ont reliée à l'architecture, en voyant un rapport symboliquement fort dans le célèbre Pentagone américain.

Le cinq joue un rôle important dans le bouddhisme japonais : les quatre points cardinaux, plus le centre ; il y a aussi cinq éléments : terre, eau, feu, vent et espace ; les cinq niveaux de la connaissance qui sont rythmés par le même nombre de couleurs.

Dans certaines traditions mythico-religieuses précolombiennes, le cinq est souvent invoqué comme période d'attente avant la purification. Chez les Mayas, par exemple, l'âme du défunt restait emprisonnée pendant cinq jours, à l'issue desquels les divinités « tiraient la corde » reliant l'âme qui pouvait enfin atteindre l'au-delà. Dans l'eschatologie péruvienne, le déluge universel, accompagné par une éclipse du Soleil, aurait duré cinq jours, l'eau serait retournée vers les mers, et la vie, purifiée, aurait retrouvé l'harmonie perdue.

Le rôle du cinq est tout aussi important dans la tradition judéo-chrétienne : c'est le nombre de la Loi, ou *Pentateuque*, les cinq livres de Moïse renfermant les révélations faites par Dieu sur le Sinaï ; et, pour s'armer contre Goliath, David prit cinq pierres dans le torrent.

On lit dans la *Genèse* : « Abraham reprit : "Je suis bien hardi de parler à mon seigneur, moi qui suis poussière et cendre. Mais peut-être, des cinquante justes en manquera-t-il cinq : feras-tu, pour cinq, périr toute la ville ?" Il répondit : "Non, si j'y trouve quarante-cinq justes." » (XVIII, 28) ; dans l'*Exode* : « Si quelqu'un vole un bœuf (...) puis l'abat et le vend, il rendra cinq têtes de gros bétail pour le bœuf (...) » (XXII, 1) ; le *Lévitique* : « Cinq d'entre vous en poursuivront cent, cent en poursuivront dix mille, et vos ennemis tomberont devant votre épée » (XXVI, 8).

D'après le Nouveau Testament, le Christ a multiplié cinq pains (*Matthieu*, XIV, 17), il y eut cinq vierges sottes et cinq savantes (*Matthieu*, XXV, 2), cinq talents (*Luc*, IX, 13).

L'interprétation fournie par l'*Apocalypse* est problématique : « Et on leur donna, non de les tuer, mais de les tourmenter durant cinq mois » (IX, 5). Dans la Bible, le cinq a souvent une signification initiatique ; d'après les spécialistes en ésotérisme, il s'agirait d'un lien avec la doctrine pythagoricienne qui, en mettant ce nombre en rapport avec la portée, fait de lui un symbole ésotérique parfait, où micro et macrocosme s'amalgament d'une manière extrêmement harmonieuse.

Symbole de l'homme et symbole puissant du sacré, le cinq situe sur le même plan des niveaux très différents, tout en proposant une synthèse entre dimensions terrestre et divine, tout cela en raison de son lien étroit avec l'homme évoqué ci-dessus.

Il convient aussi de rappeler que les mystères joyeux du rosaire sont au nombre de cinq (l'annonciation, la visitation, l'incarnation, la présentation et la dispute), comme les mystères douloureux (l'agonie, la flagellation, le couronnement avec les épines, la condamnation et la mort) et les mystères glorieux (la résurrection, l'ascension, la venue du Saint Esprit, l'assomption et le couronnement de Marie).

Six

Dérivé du latin *sex*, le six est riche en valeurs symboliques et présent dans de nombreuses traditions religieuses. C'est le nombre dédié à Aphrodite (Vénus) pour sa forme cosmique due, d'après Clément d'Alexandrie, au fait qu'il représente les lignes qui irradient dans l'espace en partant d'un point : les quatre points cardinaux, le zénith et le nadir. C'est peut-être pour cela qu'en Chine le six est le nombre du ciel, alors que chez les hindous il symbolise la pénétration de la *yoni* par le *linga* (respectivement l'organe sexuel féminin et masculin), en équilibrant l'eau et le feu, les puissances active et passive.

Pour les Mayas, le six était un nombre « féminin », comme d'ailleurs en Europe, dans l'Antiquité classique ; le sixième jour était consacré aux divinités de la pluie et de la tempête, des figures liées à l'eau, symbole féminin de fertilité et de purification.

Dans certains milieux de la tradition grecque, le six exprimait l'hermaphrodisme, sans doute parce qu'il mettrait sur le même plan des valeurs diverses et surtout opposées, telles que nature humaine et divine, masculin et féminin, etc.

Le six rythme plusieurs actions fondamentales de la religion du rite : il suffit de penser à la création du monde achevée en six jours. L'*Exameron* biblique, à savoir le nombre de la création, est le chiffre servant de médiateur symbolique entre le principe et sa manifestation.

Parmi les règles juridiques des Hébreux, on note qu'un esclave devait être libéré après six ans de service, ou encore qu'une terre travaillée pendant six années devait rester inculte la septième.

D'après les ésotéristes, le six est une sorte d'emblème de la nature physique, donc de l'homme, de sa fragilité, de son incertitude, de ses limites. C'est peut-être du fait de cette particularité que, dans l'Apocalypse, Jean indique l'homme par 666 : le six répété trois fois accentue les limites de l'homme, encore plus fragilisé par cette répétition voulue (voir page 130).

Le six est aussi à la base de l'hexagramme, le célèbre sceau de Salomon : deux triangles équilatéraux opposés et croisés qui, d'après l'ésotérisme chrétien, exprimeraient les deux natures du Christ : divine et humaine. Certains voient aussi une référence à ce symbolisme dans le Suaire de Turin, le présumé linge funéraire du Christ sur lequel est présente l'image du Messie, en positif et en négatif.

Le six est aussi le nombre des couleurs dont trois fondamentales (le bleu, le jaune et le rouge) et trois complémentaires (l'orange, le violet et le vert).

Les autres couleurs se situeraient dans le « nombre indéfini des nuances intermédiaires ». Une interprétation qui démontre clairement la complexité d'analyse du symbolisme ésotérique, par lequel on peut arriver à de vraies interprétations nouvelles de certains points fixes de notre culture.

Saint Augustin disait que le six est la somme des trois premiers nombres (1 + 2 + 3), ce qui confirmerait le caractère universel de ce nombre dont la signification symbolique la plus profonde reste entourée de mystère. C'est là que se situe peut-être le lien avec l'androgyne évoqué plus haut, son énigme la plus obscure qui, de la cabale hébraïque à la tradition alchimiste médiévale, exprime un monde en grande partie impénétrable.

Sept

Sept (du latin *septem*) est le nombre des jours de la semaine, celui où Dieu s'est reposé : sa valeur sacrée est évidente, mais son symbolisme religieux ne se limite pas au christianisme, car il compte beaucoup dans d'autres monothéismes.

En outre, la valeur sacrée de ce nombre vient du fait qu'il s'agit de l'union du ternaire et du quaternaire, un binôme qui est le signe du divin dans la tradition ésotérique. Le symbolisme divin (trois) et celui de l'universalité (quatre) se retrouvent ainsi dans une dimension unique, où spirituel et physique cohabitent.

C'est le nombre des planètes et de leurs divinités, des sept péchés capitaux et des vertus. Il y a sept sacrements, sept dons du Saint-Esprit, sept préceptes de l'Église et sept signes de la Passion du Christ.

Bouddha a lui aussi sept emblèmes et il faut tourner sept fois autour de la Kaaba de La Mecque. En islam, le sept est le nombre de la perfection : sept terres, sept cieux, sept mers, sept portes et sept visions de l'enfer.

D'après nos traditions populaires, tous les sept ans, la vie d'une personne change, avec une sorte de passage d'un état à l'autre ; c'est dans ce cadre que se situe la superstition sur la septième année de mariage, période critique où les couples subiraient des crises. Encore à propos du caractère négatif de ce nombre, rappelons une autre croyance : briser un miroir, c'est se préparer à sept ans de malheur.

Pour revenir au sept dans le domaine religieux, rappelons que les cérémonies consacrées à Apollon étaient célébrées le septième jour de chaque mois ;

dans la cosmologie complexe des anciens Égyptiens, le sept correspondait à la vie éternelle du point de vue ésotérique. Dans le *Livre des morts*, on trouve ces indications sur le symbolisme du sept : dans les Champs des Béats, l'orge pousse jusqu'à sept aunes ; il y a un serpent qui s'appelle Rerek, son dos mesure sept coudées, il se nourrit des morts et les extermine.

Hippocrate affirmait que du fait de ses vertus cachées, le sept maintient toute chose dans l'être, dispense la vie, le mouvement et qu'il est déterminant pour influencer les êtres célestes. En accordant à ce nombre une valence symbolique très forte, destinée à créer une espèce de liaison entre monde humain et monde divin. Une harmonie cosmique évidente, car, en Occident, la gamme se compose de

Représentation du nombre sept dans un traité d'alchimie du XVIIIe siècle

sept notes et l'arc-en-ciel de sept couleurs. Un hasard pour la science, un motif symbolique très précis pour les ésotéristes qui, comme on l'a vu, considèrent le sept comme une référence fondamentale.

Dans la tradition hindoue, le Soleil a sept rayons : le septième, placé au centre, est l'expression divine qui arrive sur Terre avec une puissance impossible à freiner et une énergie qui apporte la force de Dieu aux hommes.

En franc-maçonnerie, le sept occupe une position fondamentale ; on lui attribue toujours une forte valence sacrale, où le symbole divin ne perd jamais sa vitalité, même quand il se cristallise en figures apparemment détachées des valeurs primaires de la religion : ainsi, l'échelle à sept degrés des Kadosh de la maçonnerie écossaise.

Dans la Bible, on utilise le sept soixante-dix-sept fois : une telle précision ne laisse aucun doute sur le rôle symbolique de ce chiffre, toujours associé à des faits et à des événements fondamentaux. Il y a sept ciels, le chandelier (ménora) a sept branches, la bête de l'Apocalypse sept têtes et Zacharie évoque les sept yeux de Dieu.

Du point de vue du symbolisme religieux, le sept représente la « plénitude ». Il convient de rappeler en outre que c'est un symbole d'abondance : Caïn est vengé sept fois ; le juste tombe sept fois par jour ; sept démons sont sortis de Marie-Madeleine. Quand Pierre demanda combien de fois il lui fallait pardonner à son frère, Jésus ne dit pas jusqu'à sept, mais jusqu'à soixante-dix fois sept.

Huit

En ésotérisme, le huit (du latin *octo*) représente le mouvement éternel de la spirale céleste : à l'horizontale, c'est le symbole de l'infini. S'agissant du symbolisme religieux, c'est le nombre de la béatitude, de l'achèvement intérieur : voilà pourquoi on parle des « huit béatitudes ».

En général, le huit est vu comme le nombre de l'équilibre cosmique : dans la tradition orientale, ce nombre occupe une place importante : Vishnou a huit bras et Shiva huit formes.

Souvent, le huitième jour est le signe de la vie éternelle : le moment après le septième jour où l'on assistera à la condamnation des impies et au triomphe des justes. Le huitième jour est celui de la Résurrection, du retour à la vie. De façon emblématique, le baptistère a huit côtés : un indice évident du concept de vie éternelle qui trouve son origine dans le baptême.

Ce nombre revient également dans la symbologie ésotérique des religions « lointaines » : il y a huit lingas dans les temples d'Angkor, la roue celtique, comme la roue bouddhiste, a huit rayons ; les pétales du lotus correspondent à ce nombre tout comme les anges qui portent le trône céleste.

Dans l'architecture religieuse chrétienne, le huit n'apparaît pas seulement avec le baptistère ; on le retrouve dans le tracé octogonal de la croisée de plusieurs églises, où il continue de jouer le rôle symbolique attribué à l'édifice consacré au rituel du baptême. Par exemple, les huit modes du chant grégorien trouvent une référence dans l'architecture religieuse romane, comme à Cluny, en devenant une figuration dialectique, qui amalgame des langages différents mais orientés vers une évocation identique, grâce au symbolisme ésotérique.

Les spécialistes de la tradition symbolique liée à l'architecture affirment que toutes les constructions fondées sur l'octogone (voir Castel del Monte) expriment la régénération de l'esprit ; sa forme devient en outre une sorte de médiation entre le carré et le cercle. Le thème de la quadrature du cercle s'insère dans ce contexte symbolique. Un procédé prévoyait la superposition de deux carrés inscrits dans un cercle, de manière à obtenir un octogone. D'après les alchimistes, cette figure ne représentera jamais l'union idéale et mystique des contraires, mais la voie de la purification du carré (symbole de la terre, élément féminin, matière) pour atteindre le cercle (perfection, éternité, esprit).

Les huit rayons inscrits dans la roue de la tradition orientale et celtique rappellent aussi la figure du svastika, qui propose une signification symbolique propitiatoire d'une importance considérable, dont l'origine remonte à la civilisation ancienne de l'Inde. On la considérait en fait comme un symbole solaire en rapport avec le dieu Vishnou. Là-bas, depuis l'époque des Veda jusqu'à aujourd'hui, cette croix est un signe sacré gravé sur les portes des temples et peint sur les murs des maisons ; elle s'est répandue dans toute l'aire des migrations aryennes (pour les spécialistes en symboles, le svastika serait une représentation graphique poussée à l'extrême du soleil, en rapport avec la renaissance et le cycle cosmique). Il convient d'ajouter que ce genre de croix existait déjà dans la culture préhistorique scandinave : on le voit en effet parmi les inscriptions rupestres de Bohuslan, en Suède, et on l'a associé au marteau de Thor, ce qui en fait donc un instrument surnaturel pour écarter les puissances de l'enfer. Avec l'affirmation du christianisme, le svastika a perdu toute consistance, alors que la croix latine s'est imposée. Cet emblème à crochets sera ensuite proposé à nouveau par Hitler qui, comme on sait, en a fait le symbole de son parti et de son pouvoir.

NEUF

Représenté par trois triangles qui se coupent, c'est un signe qui représente l'emblème de Dieu dans la tradition sacrée, pour les ésotéristes, « Triplicité du triple » et, donc, manifestation importante du divin dont le trois constitue la force primordiale.

Dans la culture classique, le neuf (du latin *novem*) est souvent le nombre des périodes de préparation, de formation, d'initiation. La gestation dure neuf mois, le temps nécessaire à la formation de l'homme, avant que ce dernier n'arrive au monde et s'achemine le long du tracé de son existence.

En général, le neuf renvoie à une dimension céleste. Dans sa description des hiérarchies angéliques, Denys l'Aréopagite précise que les créatures éthérées sont regroupées en neuf ordres, confluant à leur tour vers trois chœurs. Si l'on va de haut en bas, de Dieu à l'homme, on a :
– Séraphins, Chérubins, Trônes ;
– Dominations, Vertus, Puissances ;
– Principautés, Archanges, Anges.

Mais, s'il y a neuf sphères célestes, il y a également neuf cercles de l'enfer qui, suivant la prérogative de tout ce qui est diabolique et entend volontairement « singer » le divin (Satan était dit « Singe de Dieu »), essaient de proposer le même univers au niveau inférieur du péché, mais en le renversant.

Le neuf est présent dans des traditions ésotériques parfois très différentes, généralement là où l'on indique les degrés célestes. C'est souvent le nombre de certains éléments architecturaux (fenêtres, autels, effigies, etc.), et il revient parfois systématiquement avec ses multiples. Il a sa propre autonomie symbolique dans le bouddhisme et le taoïsme. Exemple caractéristique : les neuf nœuds du bambou et les entailles sur le bouleau sacré des cultes sibériens du chamanisme. N'oublions pas que Vishnou s'est réincarné neuf fois.

Étant le dernier de la série, on associe fréquemment le neuf à une fin, au but atteint, au plus haut niveau d'élévation, de connaissance et d'acquisition du savoir.

Les spécialistes en symboles ésotériques considèrent que le neuf s'oppose au six sur le plan graphique, mais surtout quant à son contenu. Le six rappelle la lune décroissante, le neuf la lune croissante : d'où l'hypothèse qu'à l'origine des nombres il y ait eu des observations astronomiques. Une thèse suggestive et attrayante, mais difficile à étayer historiquement. Mais, comme on le sait, l'ésotérisme n'a pas besoin du rationnel, il se fonde sur d'autres plans, s'alimente de l'énergie du symbole et acquiert ses degrés de connaissance en empruntant des voies originales que la plupart des gens ignorent.

Étant la somme de trois triades, le neuf est indiqué comme l'opposé du diabolique 666 qu'il détruit, qu'il arrive toujours à vaincre en assurant le triomphe de la lumière sur les ténèbres.

Zéro

Il s'agit d'un nombre « difficile » dont le nom vient peut-être du latin médiéval *zephyrum*, dérivé à son tour de l'arabe *sifr* (d'où également « chiffre »), « rien ». D'après un courant de la philosophie mathématique, le zéro ne serait même pas un nombre, plutôt un concept, une façon d'indiquer quelque chose au-delà des nombres. Toutefois, on l'utilise comme un autre nombre, et, même s'il ne vaut rien mathématiquement parlant, son rôle est très important. C'est le non-être, le « rien », mais avec son graphisme – le cercle – il représente l'éternité, l'« œuf orphique », l'*uroboros* (le serpent qui se mord la queue, symbole de la régénération continue, en alchimie).

Si dans les mathématiques usuelles la reconnaissance du zéro comme chiffre limité est consolidée, il n'en est pas ainsi s'agissant du symbolisme ésotérique où le « rien » est une valeur, une dimension importante, à sonder avec la philosophie ou la mystique, pour y rencontrer des valeurs d'une autre ampleur que celle suggérée par les nombres finis. Les grandes découvertes scientifiques du XXe siècle ont contribué à la valorisation du zéro ; de la relativité d'Einstein aux trous noirs, ce chiffre représente une valeur fondamentale.

Il n'est pas aisé de faire l'« archéologie » du zéro, par rapport aux autres nombres, car toutes les cultures ne font pas référence à ce chiffre : ainsi, les Égyptiens n'avaient aucun chiffre susceptible de renvoyer à lui.

En général, la symbologie ésotérique du zéro est mise en rapport avec l'œuf, par un mécanisme allégorique obscur, commun à plusieurs cultures, même très éloignées les unes des autres. L'œuf est une constante de la tradition rituelle.

Depuis la préhistoire, ce symbole fait partie intégrante de la tradition religieuse : présence évident de l'occulte, de l'être caché, de la figure qui ne prendra vie que lorsque son enveloppe (qui correspond à un masque anonyme) sera brisée et que contenu et contenant ne feront qu'un. L'œuf est donc une sorte de conjonction entre deux contextes différents, placés sur des plans susceptibles de s'opposer (en alchimie, l'œuf est aussi le conduit de verre qui mène à l'athanor, le four).

Exemple du rôle symbolique de l'œuf-zéro, mentionné plusieurs fois par les passionnés d'ésotérisme, la fresque de Piero della Francesca, dite *Madone à l'œuf*, où toute la quête d'équilibre de la Renaissance se concrétise dans l'œuf qui, grâce à l'exaltation de la perspective due à la lumière, devient le protagoniste de la composition. Le peintre a réussi à donner une forme à un message intérieur dont l'origine symbolique inépuisable se trouve dans l'œuf, presque une citation de la valence de ce symbole si proche du zéro et, comme ce dernier, riche en mystère.

Le « diabolique » 666

L'un des aspects symboliques de l'Antéchrist, tel qu'il apparaît dans un des livres les plus symboliques du Nouveau Testament, l'*Apocalypse* de Jean, le 666, est une sorte d'emblème des esclaves de Satan :

> Le faux prophète au service de la Bête
> Par ses manœuvres, tous, petits et grands, riches ou pauvres, libres et esclaves, se feront marquer sur la main droite ou sur le front, et nul ne pourra rien acheter ni vendre s'il est marqué au nom de la Bête ou au chiffre de son nom.
> C'est ici qu'il faut de la finesse ! Que l'homme doué d'esprit calcule le chiffre de la Bête, c'est un chiffre d'homme : son chiffre, c'est 666.
>
> (*Apocalypse*, XIII, 16-18)

Le sceau des gens voués au mal s'oppose à celui des 144 000 élus « de chaque tribu » (*Apocalypse*, XIII, 13-15) ; déjà souligné par Jean, leur rôle d'adorateurs de la bête est officialisé par le chiffre symbolique.

Mais que dire de sa signification ésotérique ? En admettant que les contemporains de Jean reconnaissent aisément une valeur au 666, on sait que dès le IIe siècle les interprètes de l'*Apocalypse* reconnaissaient leur incapacité à donner un sens précis aux trois six. Pour essayer de répondre à tous ces doutes restés sans solution, des chercheurs se sont tournés vers la gématrie, un procédé d'origine hébraïque : en assignant un nombre à chaque lettre de l'alphabet, on additionnait les différentes lettres d'un mot, donnant ainsi son chiffre. Une méthode empirique avec des lacunes impossibles à combler ; ainsi, deux mots avec des sens opposés pouvaient avoir la même valeur numérique… En dépit de cette incertitude, les interprètes médiévaux ont tenté de donner un nom à l'énigmatique 666.

Une thèse parvenue jusqu'à nous, influencée par des traditions hétérogènes, proposait comme correspondant au 666 le nom de Néron, personnage historique mis plusieurs fois en rapport avec l'Antéchrist. Effectivement, si l'on transcrit en lettres hébraïques son nom grec et son titre, Néron César, on obtient 666. Mais certains lurent des noms toujours différents, en utilisant l'alphabet grec et latin : le 666 était le nom de Titus, de Domitien, de Trajan.

La tradition s'est poursuivie pendant longtemps, trouvant dans la culture cabalistique et ésotérique un terrain fertile, riche en suggestions mais très syncrétiste.

Il convient d'être très prudent face aux interprétations numériques, car on peut facilement trouver maintes équivalences à ce nombre d'autant que certains noms sont transcrits dans des caractères d'autres langues dans le but de les rendre crédibles.

Pour Irénée, dans le 666, il doit y avoir tout le mal de l'apostasie. Irénée décomposait 666 en 600 (l'âge de Noé lors du déluge, *Genèse*, VII, 6), 60 (la hauteur de la statue de Nabuchodonosor, *Deutéronome*, III, 1), 6 (la largeur de cette même statue). Cette interprétation venait de l'idée que les temps proches de la fin du monde seraient marqués par la corruption et le péché, comme ceux ayant précédé le déluge universel. Par ailleurs, la référence à la statue de Nabuchodonosor indiquait très précisément les horreurs du paganisme et leur violation du projet chrétien. Irénée soulignait en outre que la méthode pratiquée à son époque, en particulier par les gnostiques, était erronée : on additionnait les

valeurs numériques des lettres pour obtenir le nom de l'Antéchrist. En général, on tend à assigner à ce six répété trois fois une valeur reliée à l'imperfection (« nombre d'homme »), aggravée par son itération et l'autre valeur, orgueilleuse et perverse, que lui a attribuée la bête. 666 indiquerait ainsi la faiblesse de l'esprit, la fragilité, l'infériorité de l'homme face à l'impénétrable dessein cosmique. Le fait que Jean fasse référence à un « sceau » a suggéré que le signe n'était peut-être pas un nombre, voire une sorte d'emblème, un écusson ou une image, carrément le *signum serpentium*. Une sorte de timbre du mal qui aurait marqué les adeptes de Satan, si recherché par les inquisiteurs sur les corps des sorcières et des sorciers présumés. Les trois six ont été également mis en relation avec les trois bêtes (le dragon, la bête qui vient de la mer, la bête qui vient de la terre), au point qu'on en arrive presque à une transfiguration de la trinité divine :
– le dragon serait Dieu ;
– la bête de la mer, l'Antéchrist ;
– la bête de la terre, le faux prophète.

C'est l'indication de Jean, « un nombre d'homme », qui a incité de nombreux interprètes à chercher dans le 666 une référence à un individu plutôt qu'à une entité abstraite. En fait, alors qu'il est assez certain que l'indication de l'*Apocalypse* se réfère à une réalité humaine, sans doute amplifiée par la métaphore de l'empire ou du royaume, rien ne nous permet de penser que l'auteur de l'*Apocalypse* ait voulu faire allusion à un personnage bien précis.

Mais si l'on avance l'hypothèse selon laquelle Jean cacherait un nom de personne, avec le système des équivalences entre lettres et nombres, alors, il est intéressant de revenir à l'idée suggérée par Irénée. Avec son interprétation, il ne s'efforce pas de donner un caractère historique au concept, mais il recherche surtout une ouverture symbolique plus vaste. C'est le cas du mot grec *Teitàn*, lu justement dans le 666 apocalyptique, et qui renvoie à une figure, le Titan, où sont présents les symboles utiles à notre recherche. Les Titans relèvent de la mythologie grecque ; on peut les considérer comme l'expression de l'orgueil et de l'arrogance, entendant se mesurer avec la divinité. Fils d'Uranus et de Gé, les gigantesques Titans ont défié l'autorité de Zeus, qui les punit en les enterrant vivants, sous le mont Olympe. Cette référence peut constituer un lien avec les hommes qui, bouleversés par les flatteries de l'Antéchrist, s'opposent au divin, assurés de leur puissance, mais qui finiront écrasés et poussés dans l'abîme.

La référence au thème du géant, expression de l'orgueil et du péché, se retrouve aussi dans la tradition apocryphe de l'Ancien Testament et de la Genèse. Ainsi, dans le *Livre d'Énoch*, il est dit que les anges déchus se sont accouplés avec des femmes de la terre et ont engendré « des géants dont chacun mesurait trois mille coudées ». En outre, il ne faut pas oublier que certains commentateurs ont mis le chiffre 666 en rapport avec le géant Goliath, avec sa taille de six coudées et une palme et sa lance qui pesait six cents sicles (3 600 grammes).

Dans le « gigantisme », on pourrait voir la métaphore directe d'un seul type d'êtres humains ne se résignant pas à leur statut et essayant, comme les Titans, de s'opposer directement à la divinité. Mais on peut aussi ramener la référence d'un plan collectif anonyme à un autre plus spécifique : on peut effectivement avancer l'hypothèse qu'avec *Teitàn* Irénée aurait fait allusion à l'Empire romain, dont les chefs ont prouvé, à différentes reprises, leur présomption et leur orgueil démesuré.

Le symbolisme ésotérique

Le thème de l'Apocalypse a inspiré de nombreux artistes de l'Antiquité

L'alchimie et son univers symbolique

Il s'agit d'un domaine culturel où le langage symbolique de l'ésotérisme s'est fortement matérialisé, en proposant un ensemble riche en mystères, aujourd'hui encore quasiment ignoré par l'homme moderne.

Les origines

Les origines de l'alchimie remontent très loin : les sources les plus anciennes proviennent du monde classique avec, parmi les fondateurs, des personnages à mi-chemin entre histoire et mythe, tels que Hermès Trismégiste, Marie la Juive (alchimiste active en Égypte, au temps des pharaons), etc.

D'après certains interprètes, l'alchimie serait l'ancêtre de la chimie, une thèse qui ne satisfait pas tout le monde car la Science sacrée (c'est ainsi que les ésotéristes définissent l'alchimie) agit sur différents plans et ses pratiques doivent être considérées comme une métaphore de la condition humaine. Le concept de base de l'alchimie, apparent et connu de tous, est la recherche de la pierre philosophale, permettant la transformation d'un matériau vil (le plomb) en une matière noble (l'or). Il faut y voir une métaphore, car, en réalité, la recherche d'une perfection intrinsèque – que l'alchimiste poursuit sur la voie de la connaissance – se cache derrière la transformation. Tout comme dans le processus chimico-physique, l'évolution de la matière se fait par degrés, en alchimie, les phases pour aboutir au Grand Œuvre (la transmutation de la matière) étaient rythmées par des moments spécifiques.

C'est justement du fait de cette spécificité d'action – sous certains aspects très proche de la magie – que l'alchimie utilise un langage ésotérique, fondé sur un symbolisme complexe, souvent tenu pour suspect et objet de la répression inquisitoriale. Afin d'être le plus discrets possible, les alchimistes parlaient par symboles, un langage accessible à peu de personnes et presque jamais transposé par écrit. Dans les rares cas où cela se produisait, les textes faisaient état d'une langue mystérieuse, si riche en symboles qu'un non-initié aux subtilités ésotériques perdait le fil du discours. C'est une des raisons pour lesquelles aujourd'hui encore l'univers de l'alchimie est entouré de mystère. Les messages transmis sous formes de mots, de lapidaires (traités sur les pierres précieuses), de citations, de traités, de dessins symboliques représentent une des énigmes les plus complexes et les plus fascinantes de l'univers ésotérique. C'est pourquoi il est toujours difficile de s'attarder sur la tradition alchimique : on risque de pénétrer dans un domaine culturel comprenant des éléments multiples, pas faciles à synthétiser en une évaluation générale.

Les principes de base et leur interprétation

Thème pivot du processus mis en place par l'alchimiste : le concept de renaissance de la matière qui, dans son itinéraire, mort-purification-résurrection, rassemble une métaphore d'une valence culturelle ample, où se focalisent des renvois et des expressions mystiques, liés à des contextes très lointains.

Mircea Eliade a souligné cet aspect caractéristique de l'expérience alchimique, en traçant les directives pour relier, sur le plan symbolique, des correspondances entre la Transmutation et la tradition chrétienne, ayant comme point focal unique le concept de renaissance. Un parallélisme riche en convergences intéressantes mais qui, du fait de sa nature très imprégnée de « paganisme », peut n'être pas compris et devenir l'objet de présentations diabolisées de la part de certains.

Il peut effectivement sembler inquiétant d'affirmer que dans le processus d'initiation alchimique on retrouve des éléments caractéristiques du christianisme ; il s'agit d'analogies symboliques, qui se transforment en rites dans ce vaste mécanisme d'harmonies cosmiques, caractéristiques de la spéculation ésotérique en général.

Comme on le relève dans de nombreux textes hermétiques, l'alchimie est une discipline spirituelle et chrétienne, même si elle ne perd pas de vue ses propres intérêts pratiques.

Dans *The Sophic Hydrolyth*, on compare la vie de Jésus à la transformation de la pierre en alchimie : aussi le feu est-il celui qui réchauffe le matériau comme la fournaise de l'affliction par laquelle Jésus a dû passer quand les hommes l'ont repoussé et insulté. Le moment de la digestion chimique, la gestation de la semence pendant quarante jours dans le récipient, est comme le jeûne de Jésus, quarante jours et quarante nuits dans le désert.

La vie du Christ a fourni les éléments nécessaires en vue d'une rédemption personnelle : son baptême et sa crucifixion sont l'eau et l'esprit qui nous régénéreront quand il nous faudra traverser la fournaise et parvenir à la vérité du Corbeau noir, la mortification subie avec la perte de la beauté et de la réputation et dont on fait l'expérience en souffrant profondément.

On ne peut effectivement pas croire que l'alchimie serait issue uniquement de l'impulsion de produire de l'or à l'aide de méthodes artificielles et hérétiques. Dans ses velléités de connaissance, il y a indubitablement un autre besoin, peut-être une instance poussant inconsciemment l'homme vers la lumière. Mais cette voie passe par la conquête de la matière, se fonde sur la domination des éléments d'après des règles ne visant pas le pouvoir, chemin toutefois nécessaire pour arriver à la prise de conscience totale des limites humaines.

Or c'est justement en suivant la voie menant à la connaissance de la matière, qui traverse des lieux précis où l'on médite sur les caractéristiques de l'apparaître, qu'on approche les dimensions de l'esprit, dans la mesure où l'on est conscient des limites humaines, qui, souvent, ne sont pas prises en considération. Donc, à travers la matière, l'homme peut entrer dans la dimension du sacré et évaluer objectivement son rôle dans l'histoire.

Estampe ancienne illustrant quelques représentations de la transmutation alchimique

En amont de cette recherche, il y a une approche structurée du fait que l'homme réalise qu'il peut s'interroger sur son rôle dans l'univers, et surtout il y a la certitude que la connaissance n'est accessible qu'en avançant par niveaux, selon un schéma initiatique incontournable. Dans ce sens, le texte alchimique est un document problématique, dont les significations effectives vont bien au-delà des apparences. La surface n'est qu'un support de symboles dont on n'atteindra le dernier niveau qu'après des recherches longues et attentives.

Le symbolisme qui caractérise l'alchimie, empreint de tonalités sacrales apparemment matérialistes, serait dû à la rencontre du mythe du mineur et du maréchal-ferrant avec la magie naturelle, dans l'optique fortement ésotérique de la culture de la Renaissance. D'après les ésotéristes, les phases du Grand Œuvre (*nigredo, albedo, citrinitas, rubedo, viriditas* ou *cauda pavonis*) se retrouveraient dans l'expérience symbolique du drame mystique de Dieu qui, d'après un lieu commun, ne doit pas « seulement » mourir : cette phase est en fait consécutive à une procédure violente où le corps de Dieu est réduit en morceaux, démembré, et subit les souffrances les plus atroces. À ce sujet, examinons le rêve de Zosime (IVe siècle de notre ère), où l'on décrit un personnage, Ion, qui révéla à Zosime avoir été transpercé par une épée, coupé en morceaux, décapité, écartelé et brûlé vif, et avoir supporté tout cela afin de pouvoir changer son corps en esprit. Aussitôt éveillé, Zosime se demanda si tout ce qu'il avait vu en rêve n'était pas en rapport avec le processus alchimique de la combinaison de l'Eau, si Ion n'était pas l'image exemplaire de l'Eau. Comme l'a démontré Jung, cette Eau est l'*aqua permanens* des alchimistes et les tortures liées au feu correspondent à l'opération de la séparation.

On relève à ce point un rapport effectif entre symbolisme alchimique et initiation du chaman, moment rituel fondamental dans le processus de maturation de l'aspirant chaman qui, après l'« appel », devra « subir » l'écartèlement, l'assassinat et enfin la renaissance, pour atteindre – ainsi régénéré – le statut officiel de chaman, avec tous ses effets (*Traité sur l'art*, III, I, 2-3).

De même que l'homme passe du niveau inférieur au niveau supérieur par la souffrance physique, de même la matière sera transmutée en or à travers les différentes phases de « souffrance » alchimique.

Se référant à la rédemption cosmique, les alchimistes cherchent des références objectives dans la théologie chrétienne et citent, entre autres, les paroles de saint Paul :

> Et il est aussi la Tête du Corps, c'est-à-dire de l'Église :
> Il est le Principe,
> Premier-né d'entre les morts,
> (il fallait qu'il obtînt en tout la primauté),
> car Dieu s'est plu à faire habiter en lui toute la Plénitude
> et par lui à réconcilier tous les êtres pour lui,
> aussi bien sur la terre que dans les cieux,
> en faisant la paix par le sang de sa croix.
>
> (*Épître aux Colossiens*, I, 18-20)

On ne peut nier que la référence soit très mystérieuse et donne une interprétation s'exprimant surtout en termes allégoriques, ce qui rend de toute façon problématique une reconnaissance rationnelle, surtout si l'on parle d'alchimie.

« Qui veut entrer dans le Royaume de Dieu doit d'abord pénétrer avec son corps dans sa mère et y mourir » : c'est ce que soutenait Paracelse, en rapprochant le thème chrétien de celui, plus hermétique, du *regressus a uterum*, qui ramène au modèle de la mère primitive. On trouve aussi une actualisation chrétienne dans les paroles de Jean : « Nicodème dit : Comment un homme peut-il naître étant vieux ? Peut-il une seconde fois entrer dans le sein de sa mère et naître ? » (*Jean*, III, 4) ?

Le retour à l'état primitif permet de reconquérir l'énergie primordiale, celle qui trouva la force d'alimenter le chaos purificateur d'où naquit, en fait, l'ordre cosmique.

Au plan ésotérique, le Christ-*lapis* de l'alchimie se transformera en pierre philosophale à la fin de son initiation, en traversant la mort (*nigredo*), qui acquiert un nouveau statut, une nouvelle puissance au moyen de la dissolution. En établissant le parallélisme Christ/pierre philosophale, l'alchimiste, attentif à la tradition chrétienne souligne que la régénération doit intéresser l'âme avant d'être physique.

L'analogie entre le Grand Œuvre et la transformation intérieure, qui doit se produire chez l'adepte, avec le Christ comme point de référence, nous semble bien mettre en évidence le rôle spirituel de l'alchimie, qui renforce ses symboles grâce au système chrétien de signes. L'homme doit se transformer en pierre philosophale, en perdant sa tare initiale grossière, pour arriver ainsi purifié au plus haut niveau de l'évolution.

D'après Luther, le « bon art de l'alchimie » devait être considéré comme un instrument débordant de richesses symboliques pour le chrétien, car ses significations allégoriques et cachées, qui sont très belles, renferment la résurrection des morts le jour du jugement dernier. Ouverture à 180 degrés même si elle déclenche un processus assez ambigu, où l'élément éminemment chrétien est revêtu de valences expressives tout à fait anormales, dans l'itinéraire symbolique, si on les considère selon une optique théologique.

L'*Albedo*, l'Œuvre au blanc, cristallisant la résurrection d'après sa configuration symbolique, dans une trajectoire qui tend à la christianisation de l'Œuvre, devient un sujet problématique ne pouvant être totalement relié au plan spirituel. Il est donc indispensable de trouver comment entrer en résonance avec l'ensemble symbolique de l'Œuvre, en trouvant les voies les plus adaptées pour interpréter et surtout actualiser le message alchimique. Une interprétation et une actualisation qui s'articulent selon un tracé rythmé par des niveaux adaptés au degré de maturité et de culture de la personne qui tente d'approcher cette discipline.

Dans la même optique, il convient également de considérer l'analyse des valences chrétiennes, à mener nécessairement sans oublier qu'on ne peut avancer des thèses à caractère historique, mais uniquement des instances symboliques visant à l'approfondissement spirituel.

En définitive, au-delà de cette valence pratique et matérialiste superficielle, on découvre que, derrière le message ésotérique de l'alchimie, se cachent des significations plus profondes, comprenant aussi l'expérience sacrale de tradition chrétienne. Ce type d'observation peut amener à des lectures très à contre-courant, voire hérétiques ; simultanément, il offre des ouvertures permettant à l'homme de se sentir en rapport avec toutes les expressions de la culture. Le rapport atavique et surtout l'harmonie entre micro et macrocosme prennent ainsi une tonalité fondamentale dans l'expérience mystique de l'homme, ce qui l'aide à sortir des compartiments étanches qui marquent sa vie quotidienne et lui permet d'écouter les nombreuses voix qui, selon l'ésotérisme, devraient le conduire ver la Connaissance.

La *Tabula smaragdina* d'Hermès Trismégiste

Cette *Tabula smaragdina* est incontestablement l'un des documents les plus mystérieux de l'histoire de l'alchimie :

C'est vrai, sans mensonge, certes, c'est vrai.

Ce qui est en bas est comme ce qui est en haut, et ce qui est en haut est comme ce qui est en bas, ainsi toute chose est née de cette chose unique, grâce à l'adaptation.

Le Soleil est son père, la Lune est sa mère, le Vent l'a portée dans son ventre, la Terre est sa nourricière. Le Père de tout, le Télesma du monde entier est ici. Sa force ou puissance est entière si elle est convertie en terre.

Tu sépareras la Terre du Feu, ce qui est mince de ce qui est épais, doucement et avec une grande application. Cela monte de la Terre vers le Ciel et redescend sur Terre pour recevoir la force des choses supérieures et inférieures.

De cette façon tu recevras la gloire du monde entier et, grâce à cela, l'obscurité s'écartera de toi.

C'est la force puissante de toute force : elle viendra à bout de toute chose mince et pénétrera dans toute chose solide.

C'est ainsi que le monde a été créé.

C'est de là que viendront de merveilleuses adaptations, dont la méthode est ici.

C'est la raison pour laquelle on m'a appelé Hermès Trismégiste, car j'ai les trois parties de la philosophie du monde entier.

L'énigmatique Hermès Trismégiste serait l'auteur de cette œuvre singulière, que les spécialistes en Science sacrée d'aujourd'hui considèrent comme l'expérience la plus vivante de la Connaissance, exprimée en un langage uniquement accessible aux initiés.

Le premier point de cette *Tabula smaragdina* est qu'à la base de tout il y a l'unité, valeur fondamentale à laquelle se réfèrent les harmonies entre micro et macrocosme.

DATATION DE LA *TABLE D'ÉMERAUDE*

D'après la tradition médiévale, la *Tabula smaragdina* aurait été gravée par Hermès Trismégiste sur une plaque d'émeraude à l'aide d'un poinçon en diamant ; un soldat d'Alexandre le Grand l'aurait trouvée dans une pyramide de Gizeh. En réalité, elle a sans doute été rédigée dans sa forme définitive entre 813 et 833 de notre ère, dans un milieu islamique, réunissant très certainement des textes plus anciens.

Ce n'est pas pour rien si des légendes plus tardives attribuent sa découverte à Alexandre (356-323 av. J-C) ou sa compilation à Apollonios de Tyane (Ier siècle av. J.-C.). Ce dernier, philosophe néopythagoricien, a été considéré pendant le haut Moyen Âge comme un Christ païen du fait de son ascétisme et des miracles qu'on lui attribuait.

La représentation de Trismégiste

Sur le sol de la nef centrale du dôme de Sienne, une marqueterie en marbre, œuvre de Giovanni di Stefano (vers 1482), représente Hermès Trismégiste – un emplacement insolite pour un personnage tenu pour le fondateur de l'occultisme, spécialiste en ésotérisme et pratiquant la discipline qui a pris son nom, l'hermétisme.

Le rôle symbolique important qu'on lui reconnaît se déduit aussi du fait qu'une partie de la culture chrétienne l'a assimilé et a vu en lui une représentation allégorique de Moïse. L'inscription au pied de la marqueterie est un témoignage dans ce sens : « *Ermis Mercurius Trismegistus contemporaneus Moysi* ». Par ailleurs, Marsile Ficin (1433-1499), traducteur du *Corpus hermeticum* attribué à Trismégiste, avait proposé (*De Christiana religione*, 1472) d'identifier le prophète païen à Moïse.

Dans la représentation de Sienne, la main gauche de Trismégiste est posée sur une plaque où est reportée la prophétie sur le Fils de Dieu.

C'est peut-être d'après cette preuve de connaissance que le Père de l'Église Lattanzio a défini Trismégiste « parfaitement doté de tout savoir », et saint Augustin de préciser : « Il dit sur Dieu des choses selon la Vérité. » De sa main droite il tient un livre ouvert avec l'inscription suivante : « *Suscipite o licteras et leges Egiptii* », référence aux Égyptiens donnée par Cicéron : « *Leges et litteras* ».

Hermès tend le livre à un personnage qui s'incline, alors que derrière une troisième figure est évidente. Trois personnages, donc : une allusion à la « trinité » d'Hermès ?

La triple grandeur de Trismégiste (« trois fois très grand ») était en effet une expression où s'incarnaient les rôles de prêtre, de philosophe et de législateur. On retrouve le symbole des trois figures, des trois niveaux de connaissance, des trois stades (voir le nombre trois, page 119).

Les trois degrés de la connaissance – le pratique (le plus bas, celui des lois), de l'homme (au milieu, celui de la philosophie), du divin (le plus haut, celui de la religion) – sont toujours ceux qu'on retrouve dans l'art figuratif : ainsi *Les Trois Philosophes*, de Giorgione, où ils sont tout juste ébauchés, et sur lesquels s'appuient les personnages représentés.

Pour Agrippa de Nettensheim (1486-1535), un grand spécialiste de l'hermétisme, les trois parties de la sagesse étaient la théologie, les mathématiques ou l'astrologie et la physique ; ces trois sciences correspondaient aux trois parties du monde : intellectuel (théologie), céleste (mathématique/astrologie) et élémentaire (physique). Les trois niveaux de la Sagesse étaient étroitement liés aux trois degrés de la connaissance indiqués par Ficin : *imaginatio* (en rapport avec des événements naturels), *ratio* (en rapport avec l'humain) et *mens* (en rapport avec tout ce qui correspond au divin).

Le « message » de la *Tabula smaragdina* est donc une invitation à la réflexion tout au long de l'itinéraire symbolique qui conduit à un savoir antique, écrit en un langage symbolique et resté tel quel à travers le temps.

Évaluer ce texte d'après les connaissances scientifiques et dialectiques usuelles n'apporte que frustrations, car les clefs sont « autres ». Les glissements de sens et les analogies, souvent excessifs, n'entendent pas *communiquer* mais *faire allusion* : souvent, la connexion entre théorie et expérimentation n'est pas immédiate. L'objet décrit n'est jamais totalement lui-même, il est autre, tout comme sa forme n'est jamais définie. La vie des éléments essaie de se fondre avec celle de l'être (aujourd'hui, on parlerait de l'inconscient), et propose un discours ininterrompu entre la forme et l'essence des choses.

Le message de la Connaissance aboutit parfois à des sorties de route, à travers lesquelles on tente d'accéder à la dimension la plus élevée du savoir. La « langue de Dieu » passe effectivement par la métaphore que l'homme a créée ; mais le sacré a son langage, atavique, naturel, qui, même s'il s'exprime à travers les symboles, atteint directement son but, en évoquant un patrimoine inscrit à l'intérieur de nous, alimenté par la recherche, continue et infatigable, dans le quotidien où espace et temps prennent des connotations en forte opposition avec les préjugés positivistes.

Le corpus hermeticum

La traduction (entre 1463 et 1464) des quatorze traités du *Corpus hermeticum* fait partie des activités du philosophe Marsile Ficin. Ils furent très bien accueillis et l'on en publia au moins seize éditions de 1471 à la fin du XVIe siècle.

Ces textes remontent au IIe siècle de notre ère, et Ficin les a attribués à Hermès Trismégiste ; une attribution confirmée tout au long du siècle suivant, quand on vit en Trismégiste le créateur de la religion égyptienne, contemporain de Moïse et maître indirect de Pythagore et de Platon. On l'a également identifié au dieu Thor, qui aurait diffusé l'écriture chez les hommes.

La nouvelle découverte du *Corpus hermeticum* peut être reliée à la renaissance de la magie à la fin du XIVe, au XVe et au XVIe siècle, en particulier pour tout ce qui concerne les aspects les plus liés à l'hermétisme. Avec le travail d'Hermès Trismégiste et la contribution fondamentale de Marsile Ficin, le grand héritage de la pensée magico-astrologique de l'Antiquité et du Moyen Âge venait se greffer sans frottements au vaste projet, platonique et hermétique, de l'humanisme.

Le langage d'Hermès Trismégiste est très lié au symbolisme, ce qui rend souvent difficile une approche rationnelle. Par ailleurs, on attribue au même auteur de nombreux écrits du IIe-IIIe siècle (qu'autrefois on faisait remonter aux temps des pharaons), objectivement difficiles à assigner compte tenu de la complexité et de l'incertitude quant à l'identification historique d'un auteur, relevant, semble-t-il, du mythe. En fait, les textes attribués à Hermès sont profondément empreints d'un ésotérisme où doctrines aristotéliciennes, stoïciennes et pythagoriciennes cohabitent avec d'autres, d'origine orientale.

> **Marsile Ficin et la diffusion de la philosophie antique**
> À la moitié du XVe siècle, Marsile Ficin avait déjà traduit les *Dialogues* de Platon, les *Ennéades* de Plotin, les textes de Proclus, de Porphyre, de Denys l'Aréopagite. D'après Ficin, le platonisme était une philosophie pieuse, ou *docta religio*, et il fallait l'interpréter comme une forme de Savoir, en mesure de converger parfaitement avec la tradition chrétienne, une sorte de concorde entre les philosophies, l'expression de la *pax philosophica* tant invoquée.

Dans le projet hermétique, au sommet de la réalité, il y a Dieu, un Dieu en mutation continue et prenant à chaque fois des caractéristiques différentes : Père, créateur, fils, bien. L'homme doit fuir le mal, présenté et connoté avec précision, car de cette façon seulement il pourra remonter vers l'espace divin d'où il est tombé.

Dans la culture gnostique, l'auteur du *Corpus hermeticum* est Moïse ou Thot, mais aussi saint Jean-Baptiste et même Jésus-Christ. Hermès est indiqué en général comme le « Maître du secret », figure qu'on retrouve dans le tracé ésotérique de nos religions. À l'évidence, on est bien loin de voir s'éclaircir les ténèbres autour de ce personnage fascinant…

Le langage secret de la Porte magique de Rome

Aujourd'hui encore, alors que la science paraît en mesure de tout expliquer, il existe des témoignages du passé, entourés d'un profond mystère, dont la signification continue d'être une énigme. Cas particulièrement significatif, où le symbolisme ésotérique trouve une place importante, la « Porte magique » de Rome.

Un monument à l'hermétisme de l'alchimie

Il s'agit d'une réalisation du XVIIe siècle, voulue par le marquis Massimiliano Palombara, noble romain féru d'alchimie qui, en 1680, la fit installer à l'entrée d'un de ses jardins sur l'Esquilin (colline où l'on ensevelissait les morts dans l'antiquité) et où, à en croire les sources, se déroulaient des rites magiques.

Pour renforcer l'idée d'une présence de pouvoirs occultes, au XIXe siècle, on installa de part et de d'autre de la porte deux statues du dieu égyptien Bès provenant des fouilles au Quirinal.

À l'époque, cette Porte mystérieuse, devenue un véritable monument de l'hermétisme, qui semble être confirmé depuis deux siècles, dans le projet de Palombara, fasciné bien sûr par l'alchimie, au point de faire de sa villa un lieu où la Toison d'or (symbole de la Connaissance), était cachée et accessible

Le symbolisme ésotérique

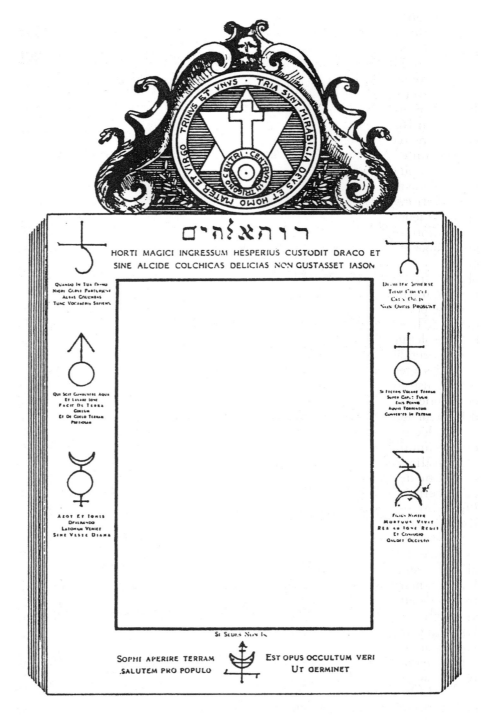

Reproduction des symboles et des inscriptions figurant sur la Porte magique de Rome

uniquement aux personnes en mesure de franchir un parcours initiatique compliqué. Ce secret figurait dans les méandres d'un labyrinthe de symboles sculptés sur la Porte magique.

L'intérêt porté à l'alchimie par les Palombara n'était un secret pour personne. En 1656, cet aristocrate romain écrivit une œuvre poétique à caractère hermétique, *La Bugia* (« Le Mensonge »), où il rassembla une série de messages symboliques, à partir de ses compilations commencées alors qu'il était très jeune.

> **Bès**
> Dieu égyptien de la danse, Bès était représenté sous la forme d'un nain. Apparemment divinité d'importance mineure, du fait également de ses représentations en double face, il évoque les lieux de passage et devient ainsi le gardien des seuils, comme le montrent plusieurs documents archéologiques.

Confortée par les enquêtes historiographiques les plus récentes, la Tradition établissait un lien entre les gravures de la Porte magique et la visite d'un mystérieux « pèlerin » qui, vers 1680, alla rendre visite à Palombara dans son laboratoire d'alchimie et effectua la transmutation du plomb en or. C'est alors que le maquis fit graver sur la « petite porte donnant sur la rue, face à Saint-Eusèbe », les signes énigmatiques que le « pèlerin » lui avait indiqués et qui renfermaient le secret de la science alchimiste.

On peut difficilement dire comment les choses se sont passées, mais, même à partir des rares informations biographiques sur Palombara, on doit constater que toute l'histoire cadre avec son expérience hermétique. Le « pèlerin » est sans doute une invention littéraire visant à canaliser les connaissances ésotériques de l'auteur, mûries au cours de longues années d'étude.

Les décors et les inscriptions sur la porte font état d'un « code » symbolique commun à plusieurs textes alchimistes ; ils confirment en outre que Massimiliano Palombara était un homme cultivé, très proche de la reine Christine de Suède, mais qui préféra aux cercles culturels et mondains de cette dernière l'isolement total de son laboratoire et de la bibliothèque de l'Esquilin, où il rencontra sans doute plusieurs fois l'éclectique Athanasius Kirkher et d'autres personnalités liées à la culture et à la science.

Toutefois, les longues années d'étude ne lui ont pas fait atteindre la connaissance si désirée, et – comme cela arrive souvent à ceux qui abordent l'alchimie – ses premières tentatives ont été frustrantes et sans résultats effectifs. Puis, un matin de 1652, alors qu'il se promenait dans les bois, Palombara trouva l'« antre du mercure » d'où lui parvint l'illumination qu'il cherchait, semblant évoquer à nouveau la vision de l'*Apocalypse* de saint Jean. Une fois la vision évanouie, d'un chêne creux situé près d'une « source très pure », une voix lui indiqua les secrets pour achever son œuvre.

La vision est reliée aux traditions eschatologiques judaïques les plus répandues (Énoch l'Éthiopien, Apocalypse syriaque de Baruch, Quatrième Livre d'Ezra) où Jean a puisé la plupart des éléments symboliques de son texte. Bien qu'avec des divergences symboliques les témoignages apocryphes situent chaque partie des apocalypses à des moments historiques différents, structurés généralement d'après une ligne tendant à placer le protagoniste de la vision dans une situation privilégiée. Il s'agit presque d'un élu auquel on remet les clés de la connaissance. Le prédéterminisme se déplace sur le plan historique et la médiation est confiée à un annonciateur ayant le privilège de connaître le royaume du futur et de corriger les erreurs de l'homme.

Souvent, des thèmes eschatologiques et alchimiques se superposent, ce qui crée une dimension hermétique très intéressante, où la structure symbolique tracerait une sorte d'itinéraire initiatique, scandé par un dédale allégorique visant à la purification.

Chez Palombara, les secrets de l'alchimie sont le fruit d'un symbolisme issu de l'union d'éléments même opposés : l'aristocrate romain ramène sa recherche à la volonté divine, en suggérant un processus alchimique toujours plus élevé, nettement détaché de la transmutation physique.

Franchir la Porte magique, où sont synthétisées les différentes phases du processus alchimique, était une occasion de se purifier avant l'accession au jardin de la Connaissance, où se trouvait la « Toison d'or », comme Palombara l'indiqua dans une autre épigraphe, perdue aujourd'hui, placée sur le portail interne de sa villa.

L'ANALYSE DES SYMBOLES

Observons maintenant les symboles et les inscriptions figurant sur la porte (inscriptions en latin, mais dont on propose la traduction pour plus de facilité).

En haut de l'étoile de David, on voit un cercle surmonté d'une croix avec l'inscription : *Centrum in trigono centri*.

Cette frise, ayant une référence précise dans la littérature alchimique de l'époque, rappelle : « Il y a trois merveilles : Dieu et l'homme, la mère et la vierge, le trin et l'un. » Elle précise en outre : « Le centre est dans le triangle du centre. »

Grâce à une médiation supérieure, le néophyte peut accéder à un niveau supérieur, au *Centrum in trigono centri*, et donc acquérir une connaissance visant à l'illumination de son parcours, devant se conclure par l'accession aux secrets alchimiques.

Si l'on poursuit la lecture des symboles sculptés sur la Porte – de gauche à droite –, on rencontre celui de Saturne/plomb, avec une inscription énonçant que c'est seulement quand les corbeaux noirs donneront naissance à des colombes blanches dans la maison de l'adepte qu'on pourra dire de lui qu'il est sage. Une référence qui renvoie directement à la tradition alchimique, synthétisant la purification de la matière dans le symbolisme des oiseaux, de l'état inférieur à l'état supérieur, exprimé totalement quand la blanche colombe pourra s'élever en toute liberté.

Symbole suggestif, celui de Jupiter/cuivre avec une inscription dont le sens est difficile car il s'agit du « diamètre de la sphère, du tau de la circonférence, de la croix dans le cercle », qui « ne conviennent pas aux aveugles ». La devise semble composer une croix inscrite dans un cercle et propose une évolution qui, par étapes, atteint sa forme typique.

À l'évidence, il y a de nombreuses interprétations symboliques, toujours très hermétiques et dont le sens ésotérique n'est accessible qu'à de rares élus (« ils ne conviennent pas aux aveugles »). Cette séquence de formulations pourrait révéler une rationalisation du cycle alchimique, visant à la purification et marqué par les trois formes essentielles du cercle (sphère, tau, croix).

On rencontre ensuite le symbole Mars/fer, avec l'inscription : « Qui sait brûler avec l'eau et laver avec le feu fait de la terre et du ciel une terre précieuse. »

Ici, il y a une volonté évidente de démontrer que la connaissance n'est possible qu'en essayant de concilier les opposés, témoignant ainsi de la relation harmonieuse entre micro et macrocosme, selon les principes alchimiques de la *Tabula smaragdina* (voir page 137).

Sur le côté droit, on trouve le symbole de Vénus/cuivre, auquel répond ce message : « Si tu fais voler la terre au-dessus de ta tête avec ses plumes, tu convertiras les eaux des torrents en pierre. » L'ascension des pierres vers le haut est la sublimation de la matière, atteignant la pétrification (le ruisseau, expression du mercure, d'après une interprétation symbolique bien connue des alchimistes).

On trouve donc le symbole du Mercure/mercure, avec cette précision : « Quand le mercure philosophique (*Azot*) et le feu blanchissent *Latona*, alors, Diane revient sans vêtements. » L'*Azot*, ou quintessence, et le feu philosophique suffisent à transmuter la matière dissoute, sombre et encore imparfaite, *Latona*, et à la blanchir, afin que ses parties mercuriales aqueuses (Diane) arrivent purifiées sur le composant magnétique.

Le dernier signe du montant de la porte est le double symbole Soleil/or et Lune/argent, avec une inscription qui fait référence à un « fils mort » qui « revient, roi du feu » ; logiquement, cette allégorie évoque l'hypothèse d'une connexion avec l'ésotérisme chrétien, mais aussi avec le symbolisme alchimique de l'hermaphrodite, destiné à s'élever par la purification et à confirmer sa descendance supérieure, issue de la rencontre entre le soufre et le mercure.

Cette inscription à côté du dernier symbole confirme effectivement le rôle hermétique de la Porte magique, qui, avec son itinéraire symbolique, veut guider vers la Connaissance ceux qui la franchissent : *Est opus occultum sophi aperire terram ut germinet salutem pro populo* (« l'œuvre occulte du véritable initié est d'avoir la terre pour que germe la santé pour le peuple »).

La finalité de l'itinéraire symbolique est donc que l'initié soit en mesure d'« ouvrir la terre » et d'appliquer la connaissance acquise pour améliorer le rapport entre l'homme et son entourage. Rapport facilité par tout ce qu'il a appris à travers l'*iter* du Grand Œuvre, qui offre à l'alchimiste la capacité d'être en résonance avec le milieu et de créer un échange d'énergies destinées à permettre à l'alchimiste d'atteindre les plus hautes sphères de la connaissance déposée dans la mythique Toison d'or par le créateur de la Porte magique.

On mettait donc ainsi sur le même plan le parc du marquis Palombara et le jardin des Hespérides ; y entrer correspondait à la possibilité de se pencher sur un autre univers dont le but principal était la recherche de la connaissance.

La Toison d'or du marquis Palombara

Parmi les différentes attributions symboliques de la Toison d'or, il y a celle la considérant comme une métaphore du livre hermétique où sont conservés les secrets des alchimistes pour la fabrication de l'or.

Ceux-ci entreprenaient le voyage dans un jardin hermétique très riche en symboles, au cours duquel il aurait été possible d'acquérir la connaissance alchimique permettant de transformer la matière vile en un métal noble et précieux.

Il s'agit de savoir si le marquis Palombara gardait vraiment dans son jardin une « Toison d'or », à savoir un objet mystérieux lié aux pratiques alchimiques, ou s'il faut comprendre le tout comme une des formes symboliques, auxquelles les ésotéristes avaient souvent recours pour exprimer métaphoriquement les secrets de leur connaissance.

Le thème du jardin en tant que lieu avec un site particulier (très souvent une caverne) où un document mystérieux est conservé, inaccessible aux communs des mortels, a des origines très anciennes et revient fréquemment dans la littérature hermétique.

C'est un motif qu'on retrouve souvent dans la vaste tradition symbolique autour du jardin et de la caverne, clé de voûte de la transformation, passage obligé pour enclencher une métamorphose.

Parvenus à ce point, on peut affirmer qu'outre la Porte magique le jardin alchimique du marquis cachait son grand trésor, fait de la Connaissance et d'indications pour transformer l'ombre de l'incertitude en lumière de l'équilibre cosmique. Il convient d'ajouter aussi que la Porte magique, rythmée par les différents symboles décrits, rappelle l'Arbre de vie de la cabale hébraïque, où les sphères de base, *sefiroth*, peuvent être rapprochées des signes sur la Porte et de leur combinaison.

Le tout engendre un syncrétisme considérable, typique du langage des ésotéristes qui n'indiquent presque jamais les choses par leur nom mais utilisent un langage complexe, fait de figures et de symboles, qu'il faut recomposer avec grand soin pour approcher, progressivement et d'une façon équilibrée, la Connaissance.

Une connaissance que le symbolisme labyrinthique de l'ésotérisme a cachée, comme justement la Porte magique, avec des langages complexes et impénétrables, faits de signes, de mots, de messages occultes, destinés à fasciner l'homme simple impressionné par l'univers de l'ésotérisme, qui découvre son profond attrait pour le mystère qui l'auréole.

Le symbolisme ésotérique de la maçonnerie

La maçonnerie est l'une des associations les plus connues se fondant sur le symbolisme ésotérique. Cette institution historique a pour but la recherche d'une vie qui permette à l'homme de s'élever en fonction des principes d'égalité, de fraternité et de justice ; le tout dans le respect des lois de l'État, mais tout en laissant ses membres libres de pratiquer leur religion. Le franc-maçon doit être un homme juste et loyal, lié à sa famille et à sa patrie, il doit œuvrer en vue du bien de la société, en particulier défendre les faibles et les opprimés. Il lui faut surtout se perfectionner intérieurement, car c'est uniquement ainsi qu'il pourra aider les autres. Pour permettre l'accès à cette perfection, la maçonnerie est structurée comme une sorte de parcours initiatique pour trouver la divinité à l'intérieur de l'homme et d'l'utiliser à des fins de connaissance pour son propre bien, mais aussi pour le bien collectif et surtout en vue du progrès de la civilisation.

Les origines

Cette doctrine n'a pas de vrai fondateur ; son origine remonte à un temps mythique et à la corporation des libres maçons, dont on trouve des témoignages en ancienne Égypte, précisément dans la nécropole de Thèbes, où l'on a découvert des traces de la corporation qui construisait des tombes. Il semble que les libres maçons auraient aussi participé à la construction du Temple de Salomon, à Jérusalem, à en croire la légende de l'architecte Hiram, traditionnellement considéré comme un grand maître.

Pour certains spécialistes, le 24 juin 1717 est la date de naissance officielle de la maçonnerie moderne. Ce jour-là, quatre loges anglaises se réunirent dans une auberge de Londres et fusionnèrent, créant ainsi la Grande Loge Mère et codifiant le Rite écossais antique et accepté. Au fil des années, de nombreuses personnes se sont détachées de la Grande Loge Mère, surtout à cause de désaccords sur la discipline et d'orientations philosophiques différentes.

Cela dit, les points essentiels de la maçonnerie n'ont jamais été remis en cause par les « sécessionnistes », et restent toujours en vigueur :
– croyance en une entité supérieure, ne correspondant pas nécessairement au Dieu chrétien et dit Grand Architecte de l'Univers ;

– dans chaque loge il y a trois lumières (vénérable, premier surveillant et second surveillant), correspondant aux trois symboles fondamentaux, le Livre habituellement la Bible, mais pas dans tous les rites), l'Équerre et le Compas ;
– la foi inébranlable en l'immortalité de l'âme ;
– la présence d'au moins sept membres, nécessaire pour fonder une loge ;
– la présence dans le temple de deux colonnes, du chandelier à sept branches, du triangle avec l'œil de Dieu et d'autres symboles immuables.

Diplôme d'appartenance à une loge maçonnique égyptienne au début du XIXe siècle

LE PARCOURS INITIATIQUE DU FRANC-MAÇON

Comme on l'a dit, la franc-maçonnerie est une doctrine ésotérique symbolique qui remonte aux lois de la maçonnerie et se fixe la tâche symbolique de partir de la pierre brute (l'homme non initié) puis, à travers un rituel, des épreuves et des acquisitions de connaissances secrètes, de transformer l'homme en faisant de lui une pierre travaillée (signe de la croissance intérieure).

Accéder à une loge est assez compliqué : le profane doit « frapper à la porte du temple », il doit donc demander son affiliation ; un maître lui fera subir un examen et prendra soin de lui. Ce sera son « parrain » spirituel.

Avant l'initiation proprement dite, le profane doit faire halte et méditer dans le cabinet de réflexion, où il est en contact avec un appareil symbolique important. Avant tout, le pain et le pichet d'eau, symboles de la frugalité et de la simplicité quasi monastiques qui doivent marquer la vie du franc-maçon. Ils rappellent en outre à l'initié que les biens matériels et les plaisirs sont nécessaires à la vie physique, mais qu'il faut les contrôler sévèrement car ils ne doivent pas prendre le dessus. Sur une petite table, il y a du soufre, du sel et du mercure : les trois principes alchimiques de l'esprit et de la sagesse, pour les deux premiers, alors que le mercure est représenté comme un coq (animal lié à Hermès = Mercure), avec une inscription à côté, « Vigilance et Persévérance ». Ce symbole peut remonter au reniement de Pierre qui trahit le Christ au chant du coq, ou à l'usage de mettre un coq en métal au sommet des égli-

Le vœu de silence

Autrefois, on transmettait oralement les rituels maçonniques ; ils ne sont écrits que depuis un siècle, ce qui a contribué à briser le vœu de silence qu'un franc-maçon doit respecter sur ce qu'il voit et entend dans la loge.

On a beaucoup parlé de ce vœu de silence, qui jouait un rôle pratique, surtout au Moyen Âge, à l'époque de la construction des grandes cathédrales ; la corporation des libres maçons observait cet usage pour se « défendre contre la concurrence » et ne garder que dans le cercle des frères les « trucs du métier » de l'art de la maçonnerie.

ses. En franc-maçonnerie, le coq annonce la lumière, le psychopompe qui accompagne le profane du monde extérieur au cabinet de réflexion, puis au couloir des pas perdus et au temple, où il verra enfin la lumière annoncée par cet animal. Autres symboles dans le cabinet de réflexion : un crâne, un cercueil, la faux et la clepsydre, rappelant tous la mort du profane et sa résurrection une fois initié, quand le plomb sera transformé en or.

Après la première initiation, chaque montée en grade est marquée par une autre initiation, servant à montrer au néophyte les devoirs qui l'attendent grâce à ce degré et l'appareil symbolique dont il devra se servir pour poursuivre son chemin vers la connaissance.

Les symboles maçonniques

Après cette présentation sommaire, historique et culturelle de la franc-maçonnerie, « lieu » authentique où l'ésotérisme fait partie intégrante d'un langage symbolique d'une richesse extraordinaire, totalement incompréhensible à la majorité des gens, observons plus en détail la signification de certains symboles utilisés par les francs-maçons.

L'équerre

Servant à équarrir, elle représente l'équité. C'est pourquoi l'équerre est un des attributs du vénérable, qui la porte en signe de reconnaissance de sa propre rectitude et pour équarrir la pierre brute. Formée d'une partie horizontale et d'une autre verticale, elle symbolise l'équilibre obtenu par l'union de l'activité et de la passivité et, par extension, l'action de l'homme sur lui-même et sur le monde.

Le compas

Il sert à tracer le cercle, à savoir le chemin de la perfection de l'initié, et il représente aussi la pensée du maçon, qui doit être simple et claire. Le cercle étant le symbole du soleil, le compas symbolise l'absolu qui part d'un point, c'est-à-dire du début de toute chose, qui est à son tour très relatif. Le compas indique aussi la domination sur la matière, c'est pourquoi son écartement est différent en fonction des degrés de la maçonnerie : symbole des possibilités de connaissance à chaque degré.

Dans la loge, à l'ouverture des travaux, équerre et compas sont posés sur le livre sacré, mais de différentes façons, selon le degré où l'on officie, et ils signifient l'esprit et la matière.

Le vitriol

Acrostiche de *Visita Interiora Terrae, Rectificandoque Invenies Occultum Lapidem* (« Visite l'intérieur de la terre et, en rectifiant, tu trouveras la pierre occulte »). Il se trouve dans le cabinet de réflexion et indique au profane que le chemin maçonnique consiste en une recherche de perfection intérieure : l'initié devra descendre au plus profond de lui-même, dans la matière brute qu'il devra rectifier, c'est-à-dire équarrir la pierre, seul moyen pour trouver la pierre philosophale.

Cette première phase de la méditation renvoie à la *nigredo* alchimique (voir page 136), quand l'homme doit affronter l'obscurité terrible de la mort pour renaître ensuite à une nouvelle vie en tant qu'initié.

Le maillet

Comme le ciseau, il sert à travailler la pierre brute et représente la partie active de l'ouvrage de l'apprenti. Le vénérable et les deux surveillants portent le maillet en main, ce qui leur donne le droit, mais surtout le devoir, de « travailler » sur la matière encore informe des nouveaux initiés pour qu'ils deviennent des maçons complets. Le maillet est aussi le symbole de la logique qui doit guider les raisonnements du néophyte, et il doit toujours être associé au ciseau.

C'est aussi le symbole du commandement et de l'autorité. Il est le plus souvent en buis, un bois dont la dureté rappelle la fermeté et la persévérance, deux qualités fondamentales du franc-maçon.

Le ciseau

Il permet de travailler la pierre brute et représente la partie passive de l'ouvrage de l'apprenti, symbole de la parole qui ne peut agir sans le raisonnement logique représenté par le maillet. Il représente aussi les connaissances acquises par le néo-initié ; il faut qu'il soit toujours bien aiguisé, car sinon (avec des connaissances jamais remises à jour, revues et, si nécessaire, corrigées), c'est un grave danger pour le maçon qui ne recherche plus la vérité.

Le tablier

Vêtement principal du maçon, il identifie son grade car il varie selon les obédiences et les rites. Symbole du travail, il doit toujours rappeler à celui qui le porte la nécessité de persévérer dans sa recherche. D'après certains spécialistes, le tablier indique la séparation entre la partie noble du corps et celle moins noble qui doit être couverte, comme cela se produisit pour Adam et Ève quand ils furent chassés du paradis.

Il ne faut pas oublier que le tablier faisait partie intégrante du trousseau de nombreux prêtres de l'Antiquité ; sans aucun doute, ce lien a beaucoup conditionné les symboles maçonniques, profondément liés au sacré.

Symboles maçonniques très importants

Les gants blancs

Dans la loge, chaque maçon doit mettre ses gants blancs, symbole de sa pureté et de son caractère incorruptible, comme il est dit dans les règlements de l'Église, qui réserve ce privilège aux évêques et aux cardinaux.

Une fois initié, le néophyte reçoit deux paires de gants : une pour lui, l'autre qu'il garde et qu'il donnera à la personne, parmi les profanes, qu'il jugera digne d'entrer dans la franc-maçonnerie.

Allégorie du temple maçonnique

Qui les recevra deviendra donc son fils spirituel. Certaines obédiences prévoient que l'on donne ces gants à la femme que l'on estime le plus, pas nécessairement une épouse ou une compagne, mais un guide spirituel ou la personne avec laquelle il existe une affinité élective.

La voûte étoilée

Le plafond du temple est peint en bleu avec plusieurs étoiles sur sa voûte, comme c'était souvent le cas autrefois dans de nombreuses cathédrales. Le temple étant la demeure de Dieu, la représentation symbolique de l'univers, il est donc logique qu'un ciel étoilé le surmonte ; parfois, la constellation du Chariot y est représentée.

Le sol en échiquier

Le sol du temple est formé de carreaux blancs et noirs alternés ; il renferme de nombreux symboles :
– la diversité et pourtant l'unité des francs-maçons, dispersés un peu partout dans le monde ;
– l'opposition entre le bien et le mal, toujours présents dans la vie du Maçon ;
– l'objectivité que l'initié doit avoir tout au long de son parcours, en marchant également sur les deux couleurs ;
– l'équilibre nécessaire entre esprit et matière.

Dans le rituel maçonnique, on entre dans le Temple les pieds « en équerre » (symbole ésotérique de la rectitude), en trouvant un équilibre entre blanc et noir, métaphore de la recherche de l'équilibre existentiel.

Les colonnes

Elles font partie du temple et, simultanément, représentent les limites à franchir pour passer, mystiquement, de l'état d'homme simple à celui de maçon. Elles rappellent la description biblique du Temple de Salomon qui avait des colonnes en cuivre portant les chapiteaux avec des grenades. Sur les colonnes, deux noms sont gravés : sur celle de droite *Jahkin* (« Il décidera »), sur celle de gauche *Boaz* (« En Lui est la force »). D'après l'ésotérisme, c'est Dieu qui rendra fort et stable le maçon dans son ouvrage. Elles correspondent aussi au soleil et à la lune, au rouge et au noir, à l'actif et au passif.

Les grenades

En général, on trouve trois grenades ouvertes sur les chapiteaux : symboles de la charité, de l'humilité et de l'union de tous les maçons de la Terre. Dans le monde antique en particulier, la grenade symbolisait la fertilité, on l'offrait souvent à l'occasion des mariages. En maçonnerie, la fertilité est l'œuvre des frères qui travaillent pour agrandir la loge et amener d'autres profanes vers la lumière.

Le Grand Architecte de l'Univers

La maçonnerie permet à ses adeptes de pratiquer leur religion, mais le principe fondamental pour être admis dans une loge, c'est de croire en un être supérieur, défini Dieu par convention, et que les francs-maçons appellent Grand Architecte de l'Univers. Philosophiquement, on peut l'assimiler au Démiurge platonicien, car il a créé et mis en ordre la réalité. Tous les documents des loges et des Orients portent l'inscription AGDGADU (« À la Gloire Du Grand Architecte De l'Univers ») : toute œuvre accomplie par le maçon doit viser son propre bien et celui de ses frères et, par extension, celui du monde entier ; ce n'est qu'ainsi que se réalisera la gloire de Dieu.

La pierre brute

Elle se trouve à gauche du petit trône où est assis le vénérable et représente tant le néophyte – imparfait et grossier, qui doit s'équarrir grâce à son travail sur lui-même qu'il apprendra lors des initiations et du travail à la loge – que le maçon expérimenté – qui doit constamment viser à la perfection de la pierre équarrie et corriger défauts et erreurs éventuels.

La pierre équarrie

Dite aussi « pierre cubique », c'est la réalisation de l'œuvre, la fin à laquelle doit tendre le travail du néophyte. Pour devenir maître, l'apprenti doit symboliquement réaliser un cube aux dimensions parfaites, à l'aide d'instruments que lui remettent les maîtres : équerre, maillet et ciseau. Une fois devenu compagnon, il pourra utiliser d'autres instruments : compas, niveau et fil à plomb.

La pierre cubique en pointe

Il s'agit d'un cube s'achevant en pyramide, avec parfois une hache fichée à son sommet.

C'est la représentation de la perfection morale et intellectuelle qui distingue le grade de maître, et que le compagnon (ayant déjà appris à équarrir la pierre brute) doit réaliser. La hache indique qu'il faut aiguiser ses instruments de travail sur la pointe de la pierre, quand des pensées négatives, de mauvaises sensations, le découragement, la déception ou d'autres sentiments de ce type traversent l'esprit d'un maçon ; c'est sur la pierre qu'il doit aller réfléchir afin de retrouver le sens de l'équilibre et la force pour continuer son travail.

Le fil à plomb

Il permet de déterminer la verticale, soit la possibilité d'ascèse de tout maçon vers une perfection supérieure. Il symbolise la recherche de la vérité et de l'équilibre et indique où est le centre de la terre, d'où vient le maçon, rappelant ce qu'on était avant l'initiation et le début du parcours.

Le niveau

Souvent représenté sous forme de triangle avec à son sommet le point d'attache pour le fil à plomb, il symbolise l'égalité originaire entre tous les hommes qui ont les mêmes droits et les mêmes devoirs. Il rappelle en outre le signe alchimique du soufre.

L'ÉPÉE FLAMBOYANTE

Attribut des maîtres, c'est la reproduction de l'épée des gardiens du ciel, dits chérubins dans la *Genèse*, et qui défendent et protègent la voie vers l'Arbre de vie.

De la même façon, l'épée des maçons repousse et éloigne du temple les vices, la méchanceté, l'égoïsme et la malignité. Mais, simultanément, elle protège aussi les frères de ceux qui les menacent. C'est aussi le symbole du Verbe, de la pensée active et créatrice.

Bibliographie

Baudouin, Bernard, *Le Chamanisme*, Éditions De Vecchi, 1998.

Baudouin, Bernard, *Le Soufisme*, Éditions De Vecchi, 1997.

Centini, M., *Le Grand Livre des miracles*, Éditions De Vecchi, 1999.

Dumarcet, Lionel, *Zarathoustra*, Éditions De Vecchi, 2000.

Éliade, Mircea, *Initiation, rites, sociétés secrètes : naissances mystiques : essai sur quelques types d'initiation*, 1992, Gallimard.

Éliade, Mircea, *Occultisme, sorcellerie et modes culturelles*, Gallimard, 1992.

Éliade, Mircea, *Traité d'histoire des religions*, Payot, 1989.

Futthark Ron, *Les Templiers*, Éditions De Vecchi, 1999.

Olivier, Philippe, *Le Grand Livre des pèlerinages*, Éditions De Vecchi, 1999.

Olivier, Philippe, *Les Anges*, Éditions De Vecchi, 2000.

Penna, A., *Le Mysticisme*, Éditions De Vecchi, 1999.

Rivière, Patrick, *Fulcanelli*, Éditions De Vecchi, 2000.

Rivière, Patrick, *Les Secrets du Graal*, Éditions De Vecchi, 1998.

Roversi-Monaco, A., *Les Secrets des cathédrales*, Éditions De Vecchi, 2000.

Sagnier, Christine, *Pic de la Mirandole*, Éditions De Vecchi, 2000.

Sperber, Dan, *Le Symbolisme en général*, Hermann, 1985.

TABLE DES MATIÈRES

Introduction	page	5
L'ésotérisme	»	7
Ésotérique et exotérique	»	7
Ésotérisme et occultisme	»	10
Le langage symbolique de l'ésotérisme	»	13
L'homme rationnel et le symbolisme	»	13
Symbole, science et mysticisme	»	15
L'approche du symbolisme	»	16
Le symbole comme rapport avec l'Absolu	»	19
À la recherche des origines	»	21
Les constructions en pierre	»	21
Les « collines de la craie »	»	25
Monde antique et symbolisme ésotérique	»	29
Les pyramides	»	29
Les labyrinthes	»	32
Les druides	»	38
Les Mages de Zarathoustra	»	41
L'ésotérisme hébraïque	»	45
Les traditions apocalyptiques	»	45
Les messages d'Énoch	»	47
Jonas : dans le ventre de la connaissance	»	50
L'ésotérisme cabalistique du Golem	»	53
Le symbolisme chrétien	»	55
Le langage symbolique des Écritures	»	57
Les symboles liturgiques	»	59
Le symbolisme des sacrements	»	61
Le symbolisme de la croix	»	64

Le Saint-Graal	page 69
Un grand symbole ésotérique	» 69
Les sources et les interprétations	» 71
Où est passé le Saint-Graal ?	» 72
Les autres religions	» 75
Les Esséniens : les mystiques de la mer Morte	» 75
Le secret de la Pierre noire	» 78
Les soufis magiques	» 80
La danse du Soleil et des Esprits	» 81
Les secrets des chamans	» 84
La secte : le triomphe de l'ésotérisme	» 88
Les sectes aujourd'hui	» 89
Le symbolisme ésotérique de l'architecture	» 91
Les monuments du passé : des « livres de pierre »	» 91
Castel del Monte	» 97
La cathédrale de Chartres	» 100
Saint-Jacques-de-Compostelle	» 102
Les seigneurs du symbolisme ésotérique : les templiers	» 105
L'histoire	» 105
Baphomet : vérité ou légende ?	» 109
L'ésotérisme de la parole	» 111
L'écriture, un don divin	» 111
La sacralité du mot	» 112
Les runes	» 115
L'écriture d'Ogma	» 116
Le symbolisme des nombres	» 117
Un	» 117
Deux	» 118
Trois	» 119
Quatre	» 121
Cinq	» 123
Six	» 124
Sept	» 125
Huit	» 127
Neuf	» 128
Zéro	» 129
Le « diabolique » 666	» 130
L'alchimie et son univers symbolique	» 133
Les origines	» 133
Les principes de base et leur interprétation	» 134
La *Tabula smaragdina* d'Hermès Trismégiste	» 137
Le langage secret de la Porte magique de Rome	» 141

Le symbolisme ésotérique de la maçonnerie	page 147
Les origines	» 147
Le parcours initiatique du franc-maçon	» 148
Les symboles maçonniques	» 149
Bibliographie	» 155

*Achevé d'imprimer en novembre 2000
à Milan, Italie,
sur les presses de Ingraf s.r.l.*

*Dépôt légal : novembre 2000
Numéro d'éditeur : 6537*